拿破仑论

[法]艾利·福尔 著 萧乾 等译

图书在版编目(CIP)数据

拿破仑论 /（法）福尔（Faure, É.）著；萧乾等译. — 北京：北京大学出版社，2016.3

（培文·历史）

ISBN 978-7-301-26646-5

Ⅰ.①拿… Ⅱ.①福…②萧… Ⅲ.①拿破仑，B.（1769～1821）–人物研究 Ⅳ.① K835.655.2

中国版本图书馆 CIP 数据核字 (2015) 第 305652 号

书　　　名	拿破仑论 Napolun Lun
著作责任者	［法］艾利·福尔（Élie Faure）著　萧乾 等译
责任编辑	张晓辉
标准书号	ISBN 978-7-301-26646-5
出版发行	北京大学出版社
地　　　址	北京市海淀区成府路 205 号　100871
网　　　址	http://www.pup.cn　新浪微博：@北京大学出版社 @培文图书
电子信箱	pkupw@qq.com
电　　　话	邮购部 62752015　发行部 62750672　编辑部 62750883
印　刷　者	三河市国新印装有限公司
经　销　者	新华书店
	787 毫米 ×1092 毫米　32 开本　9.25 印张　152 千字 2016 年 3 月第 1 版　2016 年 9 月第 3 次印刷
定　　　价	39.00 元

未经许可，不得以任何方式复制或抄袭本书之部分或全部内容。
版权所有，侵权必究
举报电话：010-62752024　电子信箱：fd@pup.pku.edu.cn
图书如有印装质量问题，请与出版部联系，电话：010-62756370

出版说明

著名作家、翻译家萧乾先生在回忆录《未带地图的旅人》中写道:"……干校解散了,我和其他一些外文干部被编入翻译组——由于这样或那样的原因,我们都未能调回原单位。选题是由各个出版社提供的,以西方军事政治文献为主。……一次,毛主席传令要看《拿破仑论》,我们是在几天之内日夜赶译出来的。"(《未带地图的旅人——萧乾回忆录》,江苏文艺出版社,2010年,237页)萧乾先生的夫人文洁若先生亦补充说:"萧乾在翻译组先后与人合译了《拿破仑论》等有关国际政治的译稿多种。《拿破仑论》是毛泽东主席急着要看,几个人夜以继日地抢译的,三天译竣,不出一周就出版了。"现在,我们经文洁若先生惠允,将这个具有特殊意义的《拿破仑论》译本整理出版。

本书作者艾利·福尔(Élie Faure,1873—1937),法国文论家、艺术史家,其最主要的著作为五卷本《艺术史》（1919—1921）。这本《拿破仑论》法文本出版于1921年，中译本是根据杰弗里的英译本翻译的。在书里，福尔以拿破仑支持者和崇拜者的立场，对拿破仑的人格、个性、军事艺术、政治观点、治国方略和人际关系等等方面进行了激情洋溢的辩护，愤怒驳斥了反动阵营对拿破仑的种种攻击、谩骂和讥讽，在卷帙浩繁的拿破仑研究著作当中别具一格。

除此之外，本书亦因其列在毛泽东晚年阅读书单之内而引人注目。据知情者回忆，毛泽东晚年对拿破仑深感兴趣，其提出的书单也包括多种相关著作。展读本书，有助于了解毛泽东晚年的心态、思想，也可以帮助我们寻到毛泽东暮年政策方针的内在逻辑，故而具有很高的史料价值。加之本书的翻译又出自著名翻译家萧乾等人之手，复为这一极具史料价值的译品大大增添了可读性。这就是我们决意重新整理出版此一译著的初衷所在。

要指出的是，鉴于此书的史料意义和名家佳译，我们在出版时尽量尊重原文，只对确为手民误植的个别文字，核对原书做了改正。由于译文较早，译名多与目前通行译法不合，一些表述亦显得生硬难读，也一仍其旧。我们做了一个人名中外文对照表，便于读者核对参考。

目 录

第 一 章　启迪／1

第 二 章　反面／5

第 三 章　正面／25

第 四 章　浑金／53

第 五 章　模型／73

第 六 章　他和人们的关系／93

第 七 章　他和妇女的关系／115

第 八 章　他和知识界的关系／129

第 九 章　陶土／143

第 十 章　他的使命／165

第十一章　他的使徒之职／187

第十二章　雕刻艺术／207

第十三章　普罗米修斯／237

第十四章　他的影响／253

附录／274

人名中外文对照表／283

第一章

启　迪

从道德的观点看,他是无法辩解的。他的确是个不可理解的人。事实是,他犯法,他杀人,他撒播复仇和死亡的种子。但他又制定法律,追寻并消除罪恶之源,到处建立秩序。他是个凶手,又是个革除弊害的人。作为一个平常人,他本来是应当被绞死的。但他处在至高无上的地位,因此是清白无瑕的;他以坚定的手段赏善惩恶。他是一个怪物——一首两面的怪物。他也许像我们所有的人,但是在任何情况下都像上帝。

不论是诽谤他的人,还是拥护他的人,几乎谁都没有体会到上述这一点。每个人都以道德的名义对他进行攻击或为他进行辩护,攻击自然比辩护来得容易。但道德比实际生活的内容窄——也比较简单。道德与实际生活不同,它并不给自己的不幸的结构带来严重的矛盾,这些矛盾通过互相的不断对立能造就一个英雄的素质,并使这位英雄完全与常人有别。

从艺术的观点看,他的一切是完全可以理解的。他是一个注重行动的诗人,这就是一切。而如果我再有所申述,那或许是由于我过于喜爱我自己喉头发出的声音,或许是由于我体会到或至少是我唯恐人们误解他。同所有的艺术家一样,他容易在他的艺术中犯错误;从道德的角度看，这些错误就是罪行。但是他的全部事业，与一个艺术家所构想的任何作品一样令人惊叹，也一样永垂不朽。它之所以永垂不朽，是由于它的精神，而这种精神则完全不受其物质成果已在消失这一比较不重要的事实的影响。他的事业与人类精神史上任何其他事业一样具有决定意义：无疑是基督之后最具有决定意义的事业。他的事业像基督的事业一样，是不道德的，因为它也是打破了一个时代的所有社会习俗和偏见，它破坏和拆散家庭，使整个世界陷入战争、荣誉、苦难和幻想的深渊。

从道德的观点看，他的确是基督的反对者。从艺术的观点看，他和基督一样是普罗米修斯在地球上所承认的唯一的神。他们各以其自己的方式达到其权力的极限，走向一个他所看不见，我们也看不见的目标。拿破仑是个英雄，不是圣人。圣人有所捐弃。他抑制他自身的一部分来获得上帝身上的一部分——那唯一与他有关的一部分。这位英雄是一个征服者。他毕生都在向前迈进，以求与上帝会合在一起。

第二章

反　　面

一

　　耶稣成了一个神话人物，拿破仑却没有。世界上直到基督死后一百年，才真正开始注意他。他属于古代东方，在那里，什么都是奇迹，什么都是幻想。基督过的生活、说的话、做的事，有权势的人和聪明的人没有看到，非常贫苦的人看到了。这些贫苦的人毫无文化，又极老实，强烈地倾向于迷信，歪曲和夸张他们所看到和听到的一切，而且把故事铺叙、修改到这样的程度：从故事中找到一个象征，就把这个象征说得多么意味深长。耶稣死后，既没有人核实，又没有办法了解情况，也没有权威文件，什么也没有，只有一种幼稚的叙事，零零碎碎地口传着以及从想象到想象而流传着。这个叙事没有为现世留下任何符合原来实际情况的东西（原来实际情况中有缺陷之处均已散失，像岩渣熔滓从火山爆发的火焰中散失掉一样），留下的只是一个奇异的浪漫故事，它实际上不过是表现出古代世界受苦受难的一半人的感情需要而已。耶稣被人打扮成为善良的天使。人们只能笼统地看到他的事迹。

但是，拿破仑的情形却相反。人们看到的只是细节和偶然事件。他和恶魔一样被剥得赤身露体。在这方面，我觉得，谁也没有想去分析一下拿破仑的一句意义深长的话——他称之为对人的认识初步入门的一句话："人和图画一样，必须放在亮光底下端详。"① 甚至在他飞黄腾达以前，对他猛烈的、毫不留情和毫不放松的批判已经尖锐到足以成为那一世纪一个显著的特征。这种批判包围着他，紧盯着他，以便探查他的每一个行动，不论是最没有意义的还是最重要的行动；并且分析他的每一项事迹，不仅是他成为伟大人物的时期的事迹，而且远溯到他微贱幼年时代那些无关重要的日子里的事迹。在一个无足轻重的人的生活中，有些错误和缺点是别人难以看出的，也没有人感兴趣。如果错误和缺点终于被人发觉了，它们也只是跟这个人的平淡无奇的个性混杂在一起。但是，在一个独自居于最高地位的人的显赫生活中，有了错误和缺点，就引人注目，而且像太阳里的斑点一样，似乎是黑色的、固定的、消除不掉的，从不远的地方看，还显得更清楚——这种人的生活会引起所

---

① 作者恕不注明出处。本书所引的拿破仑的每一句话，无论来自同时代的回忆录，拿破仑本人的著作，他的函件或是任何其他来源，在正文中都用仿宋体或黑体表示。

有同时代人和后代人的好奇感，它是如此光辉夺目，连一点点影子也显得极端重要，虽然这个影子有些色彩，也在移动。但是，这是小人物的见解，这种小人物面对着大画家的作品，看到的只是：手指放得不合适，头发画得太厚，或者嘴画得不像。一个过于接近伟大人物的人只能理解伟大人物与他本人相似之处——也就是说，只能理解伟大人物较无价值的、较普通的成分。他迫切希望从伟大人物身上找到那些能把他降低到他自己水平的东西。即使他在伟大人物吸引之下接近这个伟大人物时，他还是有所戒备。他所注意的是伟大人物的丑恶一面，以便从中可以看到自己最恶劣的品质。他一点也不知道，当他仔细观察英雄的生活借以证明英雄不过是一个普通人的时候，他是多么夸大了这个英雄。

一个历史家会责难拿破仑在八岁时殴打他的一个兄弟，另一个则会责难拿破仑在陷入肉体极端痛苦的深渊时曾经发出呻吟和怒号。拿破仑的特征是：感情冲动、兴高采烈时的某些举动，惯于说粗野俏皮话的癖性，突然急躁不安又立即平静下来的情绪。人们认为这些特征是——或者至少挑出这些特征来认为是——拿破仑的既定原则，性格上不可救药的缺陷，故意发作的坏脾气。他不能像单纯的思想家那样把自己和众人隔开。他总是处在正在发生的事件的中心：这就是说，他整天处在笨蛋、奴才和流氓的包围之中。一个画家在画廊里与观众混在一起时，心中总是暗暗地把他在无意中听到其意见的那些人看作蠢才。拿破仑往往也是这样——而且公开说出了口。这是他自我表现的方式。这是有权有势的人的自我表现方式，他们几乎是想到就做，如果有人不能理解他们，不能毫不犹豫地追随他们，他们就动气。拿破仑显然具有极端矛盾的精神，这正如一切抱有坚定合理的个人意见的人一样，他们甚至和观点相同的人具有同感，觉得这种个人意见是漂浮在表面上的某种共有的偏颇之见。有时，他沉默不语。有时，他也跟他的随从谈些大家常谈的闲话；但是，话出自他的口，就被毕恭毕敬地收集起来，保存起来。以前难道有过伟大人物向提问题的人这样信口发表自己意见的吗？斯宾诺莎不跟他的运水人讨论他跟笛卡尔讨论的问题。拿破仑却跟头脑简单的人长时间地谈论他们所熟悉的事情。对笨人，他用似非而是的议论使他们惊服而自得其乐。他的举动有时像火气上来的剑术家一样，来几下快速的刺击和推挡，使对手立步不稳，忍气吞声退出战斗。罗德勒记载过拿破仑的这种任性行动——我相信他甚至用了"任性"这个词。但是，别人并不能彻底领会这种任性行动，或者至多不过是不适当地加以记载而已。[1]

拿破仑曾经不耐烦地对古尔戈说过："你对什么事

情总是这样认真。"而正是古尔戈这个可怜的人,有一天在心情不像平常那样忧郁时写道:

"陛下尽可能地对我表示亲切——甚至开玩笑地打我的耳光。"

对于这种士兵式的打打闹闹,人们一向看得太重了。他这样做不过表示他兴高采烈和非出诸于口的心满意足:他不大懂得怎样跟笨人谈话——他们本来也不会了解他!想一想法利赛人写的耶稣故事吧。我敢肯定,拿破仑决没有拧过歌德的耳朵!但是,某种类型的智力高超的人用拧耳朵的办法向他所喜爱的儿童表示好感,但他却不知道如何把自己降到儿童们那种吵吵闹闹和所用语言的水平。拧一下鼻子或耳朵,稍微揪一揪头发——但是,人们能因此重写拿破仑的历史吗?他这样的动作果真是那么可恶吗?布廉纳告诉我们:他的手势是"用他的拇指和食指轻轻打人一两下,或者轻轻捏人的耳朵边儿"。布廉纳还说:当拿破仑叫某人为呆子、傻瓜或笨蛋时,"他决不是用这些词的本来意义,而且他说出这几个词的声调表明,用这几个词完全是好意的。"而且,他破口骂了人随后发现被骂的人非常不愉快时,他马上感到后悔。"他从来不让任何人跟他争吵。"[①]

[①] 布廉纳语。

但是，当有人诉苦诉得没完没了，当有人抱着不满情绪决意不去了解情况，或当某人提出过分要求时——这仅仅是指对于人们有时玩弄的或者在散步和吃饭之间抚爱的随身小动物通常所给予的那种保护、照料和慈爱——那么，他就突然中止戏弄人，而用一句尖刻的话迫使冒犯的人安分守己。有一天，当他对古尔戈的愚蠢的责备和孩子般的悲叹感到极端厌烦时，他说："你以为你到了这里就成为我的同伴了。……我不是任何人的同伴。谁也不用想管住我。"那时古尔戈几乎是跟着他呆在那热不可耐的岛上的唯一的人。

二

他肯定是多疑的。他觉得自己身上有着罕见的天资。他与粗野的人或俗气的人接触时感到很痛苦。从这个观点来看，他的幼年时代，以及事实上他的整个青年时代，都是残酷的。一切都使他感到痛苦：他的科西嘉口音受人嘲笑；他的名字被人故意叫错；他的举动很特别——像一只小野兽落进陷阱时的动作一样；他的相貌很特殊，不讨人喜欢，像有病似的；他的破旧制服，久经刷洗熨烫,线头都露出来了。强烈的傲气使他形容憔悴:眼球眍进眼窝,鼻子变得细小,嘴唇卷翘起来,他把自己禁锢于忧郁沉默之中,在那背后,他的全部神经绷得像绳子一样。他的傲气使他的心脏收紧,以便用心脏的物质来滋养自己埋藏着的精神之火。后来,他为这一切付出了代价。他成了一个无法医治的神经衰弱的人。他患有头痛、肝火旺盛和消化不良的毛病。他像艺术家或妇女一样,很容易受气味、色彩、声音和放纵生活的伤害。他的有疙瘩和斑点的脸孔抽搐着,他的手指总在动弹,他的腿老是摇晃,他的步子急促。他很容易感到厌倦。然而,他能够做出巨大努力;他能骑马三十个小时不下鞍,把他的骑兵撇在后头。他总是骑马飞跑,全身湿透,或者热得发烧,或者冷得发青,单身抵达目的地。他吃得很少,当他想起吃饭时才匆匆忙忙地扒几口,有工夫的时候才睡觉。

多疑?是的——他像一只鹰落在一群鹅之中一样多疑。他感到自己的过人之处,但是他太高傲了,不愿说出口来。他要首先用事实来证明他的过人之处。他的天性不宜于过平淡无奇的生活,也不善于摆出气派和场面。"他的敏锐的想象力、他的火热的心、他的严厉的判断力、他的冷静的头脑,不能不因风骚女性的欢迎、阴险的阴谋、赌场的输赢、花花公子的品性而感到烦恼。"① 我很相信这句话。一切都使他感到痛苦：因为他所接触到的一切都贬低和污染了他自己心里所树立的伟大形象；因为他周围没有一个人能鉴赏他的神秘力量；因为人们当他走进一个房间时笑脸相迎，而在远处瞧见他时就在角落里窃窃私语；还因为女人瞪着眼看他，表现出不高兴的轻蔑神情。或者，至少是因为他想象出现了以上种种情况而感到痛苦。我能相信这一点。他对男人的轻蔑和对女人的想望，使他腼腆而乖僻。他时而和蔼可亲，时而无限悲伤，时而有存心要使某个提问题的人具有深刻印象的愿望，这些情绪都是突如其来，难以控制，有时使他表现得很不老练。他缺乏老练，正如天才诗人往往缺乏风趣一样。他不了解应该如何对待世界，因为他内心深处另有一个世界的帝国。

但是，请注意后来他是如何用急促而热情的话来表白自己的，这些话似乎是来自他自己也不再能抑制的发自内心的热情。在意大利时期以后，人们才清楚知道他是个什么人。自那以后，他再出现时，人们不再笑了，人们也不再在角落里窃窃私议了；如果女人瞧着他，那

---

① 这个引语是一个例外——我希望是唯一的例外。它引自一部已经计划好的小说《埃利松和欧仁妮》，这是拿破仑在青年时代所构想的一部小说。后来，在波兰找到了手稿。

是带有热情的。这时,他完全以主宰的地位说话。他成了一个令人神迷心醉的卓越的人,那些懂得如何听话的人是这样看,那些想要了解他的人也是这样看——同样,那些头脑简单,既不需要倾听也不需要了解,只是像随风飘荡的尘土一样跟着他的人,也是这样看。至于那些不知道如何听话的人,那些不愿意了解他的人——那些饱经沧桑已经失去纯朴的人,那就满不是那回事了。这样的事层出不穷。还继续存在着耶稣被钉在十字架上受难的个人感受。人们当时通过拿破仑的事迹而开始认识到他的伟大,但是他们没有看到对他起作用的力量。他像这样一个画家,在他力求贯彻一种想法时,总是遭到周围的人的责难,因为他不满足于别人感到满足的东西。他觉得自己的心支配着宇宙的脉搏。他怎能设想,就在这个宇宙里,居然有人不认识这个事实呢?于是他赶快动手,向前猛冲。他没有时间去说服人,只是表明了自己的主张——如此而已。这不是跟没有什么信仰和决心的人讨论现在是白天还是夜晚的问题。这毋宁说是一个要把那遮住阳光的门打得粉碎的问题。

三

然而，人们对于他蔑视他的侍从人员感到惊讶。人们为了这一点还加以责难。并且历史书上也写着那些令人遗憾的话。他使用这些人。他让他们当上王侯。他养活他们，让他们穿上绣金的衣服。对于这些可怜虫，这难道还不够吗？他们还希望从他那里得到什么呢？他为了政治上的需要，用了塔列兰或富歇，为了军事上的需要，用了马塞纳或苏尔特——他们都是强盗、窃贼、骗子，但在他们各自的行业内却都是能手。他用钳子夹住他们的脖子，而且对他们并不隐瞒这样的事实。但是，一天，他静静地站在歌德面前，凝视着歌德说："你是一个男子汉。"当人们为了奉承他而试图贬低他对另外一个人的看法时，拿破仑的回答是："对于夏托布里昂，我没有什么要指责的。当我权力鼎盛的时候，他反对了我。"

他的内心有一股生气勃勃的力量使他苦恼，这股力量他发挥不出来，除非他在他内心和周围把一些人、物、感情、利益都扫除干净，而这些都是他几乎没有看到或根本没有看到的，因为他的思想超越了这些。真理以及直接实现真理的方法，都非常清楚地闪耀在他的眼前：因此，他怎能理解别人会对此感到惊讶，又怎能理解别人会热烈辩论他实现真理的方法并有种种误解呢？于是，他灰心丧气，烦躁不安，有时满腔怒火，却又很快压下去，然而，应该指出，特别是当他的谋划有破绽时，当他的谋划在进行中出现差错时——他不知道出了什么差错，只是有几分感觉到他的谋划太大，有些部分没有配合好——只有在这个时候，也就是在1809—1813年的那几年里，他变得忧郁烦躁，把他精神上的痛苦和厌倦情绪用刻薄的语言表达出来，而这些语言往往毫无道理，只是在他的部下和侍从中间产生和激起了不安和反抗的浪潮。在这样的时刻他是非常可怕的。每个人都提到他那雷霆般的怒气、他那刺人的语言、他使周围产生的恐怖气氛、他那使人无法忍受的眼神。但是，每个人也承认，他会很快就原谅人家——或者更好一点，很快就忘掉。迪罗克说过："不要理他，他的话是凭感觉而不是通过思考说出来的，更不是他打算明天要实行的话。"[2] 他威胁着说要枪毙所有的人，实际上可并没有一个人被枪毙。在一切情况下，他宽恕每一件事和每一个人，甚至到了软弱和盲目的程度——到了傻瓜的程度。一旦宽恕了，他在言行上从来不表示后悔。他不仅原谅笨手笨脚的人，甚至原谅不服从的人；他还把变节的人置之度外。贝尔纳多特、维克多、奥日罗、布廉纳，甚至导致他在法国作战失败的苏瓦松事件中的莫勒，都没有受到惩处。在来比锡战役的前夕,他安详地跟缪拉谈到缪拉同奥地利进行的秘密谈判。不久前还是路易十八的大臣而且刚刚发表一篇反对拿破仑的卑劣声明的苏尔特,还被任命为"百日战争"的参谋长。当人们告诉他马蒙已经叛变投敌时,他的回答是:"他的命运会比我更为不幸。"

实际上,他没有时间存报复的念头:"人们必须懂得如何饶恕别人,而不应该坚持敌视和发怒的态度,这种态度只会伤害左邻右舍,并妨碍自己的愉快生活。"一个身强力壮的人会咒骂他所撞上的石头或刺伤他的荆棘,但是一秒钟以后,他就把石头和荆棘忘掉了。他甚至忘记在路上还会碰到别的石头和荆棘。善忘,这是我们所具有的品质之中最高尚的品质。它也是最富有成果的品质。善忘之于宽恕,正像怜悯之于正义一样。它完全证明,在我们内心里,有我们感觉和精神生活的一些因素远远地占着上风,通过这些因素,我们可以重新焕发我们的感情和理想,并以彻底的坦率态度把自己置身于新的幻想之前。正是这些因素为世界保持着那种更新世界的永恒力量——爱情、希望、自豪、对永生的切望。

而且,拿破仑的发怒往往还是他假装出来的。他发怒不过是他所使用的那些手段当中的一种罢了。我是肯定地这样看的。人们在他的眼中不过是可以玩弄逗乐的小孩；他保护他们；如果诚实，他就喜欢；如果卑鄙，他就轻视，而且总还有点嫌恶。如果一个人没有什么脑子的话，他就对他大声吼叫，他知道一个人像一个小孩一样就怕大声高喊。他以完善的艺术来摆布他自己的怒气，知道在什么时候和在什么场合把抚爱和恐吓揉和在一起，并且用这种手段来迷惑外交官，蔑视政客，使普通的士兵成为英雄。"我的铁腕不在我手臂的一端；它在我的脑袋里。造物主并没有给我铁腕；我的铁腕只有通过我自己的谋划才能发挥作用。"

四

他是一个喜剧人物？是的——但是首先必须搞清楚喜剧人物的含意。他是科西嘉岛人；他的祖先中有一些是意大利图斯康地方的人，而另一些可能是希腊人。在古代所有的伟大活动家中——阿基比亚德、汉尼拔、亚历山大、苏拉、凯撒——都有喜剧人物的某些成分。道德的奠基者，那些被认为是向人类揭示了正义观念的人——以赛亚、耶利米、埃席基耶尔——披着皮斗篷，颈上挂着标牌。他们手抓尘土，撒在自己的头上脸上；

他们从喉头发出悲叹的声音，做尽种种把戏，以吸引游手好闲的观众的注意。耶稣使盲人重见光明，使瘸子下地走路。而且，在我看来，近代世界上北方的英雄们也同样有许多奸猾之处。克伦威尔是冷酷型的喜剧人物，加尔文愁眉苦脸，路德则时而奸猾，时而爽朗。清教徒、教友派信徒、耶稣会会员、雅各宾党人把精神上的喜剧提高到政治原则的高度。那些具有政治道德的古典式英雄，如辛锡内土斯和华盛顿，一个选定犁头、一个选定他的农舍门槛来作为他们的舞台。实际上，所有这些人都是为了我们而演出他们自鸣得意的喜剧的；所有的人都在演喜剧，甚至那些演出精彩的或者毫无价值的滑稽剧来讨君王喜欢的艺术家也是这样，虽然其中最出色的艺术家——不屑于演滑稽剧的那些人——会对着镜子做鬼脸。

因此，问题就在这里。我们总是演喜剧，不过有时是为我们自己演，有时是为别人演。我想，第一种方式较为高尚：也许，由于它是以神圣的纯洁无私为前提，因而是唯一高尚的。对于注重行动的英雄来说——拿破仑更其如此——可以提出来作为辩解的理由是：虽然他可以为别人演出喜剧，但他为自己演出的是一出更伟大、更耐久、更生动的喜剧；为别人演出的喜剧不过是为自己演出的喜剧的一个无可避免的后果和要素，因为他内心在思量着喜剧的展开和广阔前景，而他虽然一直追寻喜剧的结局，却到死也没有追寻到。

"喜剧人物……悲剧人物……"他把整个世界当作自己的戏台。教皇、国王、民族、群众感情——这些全是杂陈在他面前的傀儡：他牵着线，随意把它们放在戏台上，或者把它们撤走。他知道这一点，并且说出了口。他不能不为自己的权力而高兴！"那不勒斯国王，去看看早饭准备好了没有。"在德累斯顿或在埃尔富特时，他当着一两位皇帝、四五位国王和三十位亲王的面说道："当我是炮兵少尉的时候……"人人在惶惑、耳语，显出敢怒而不敢言的神情！他用驯狮者的气派环视四周。"当我荣幸地是职位低微的炮兵少尉的时候……"所有的人都低下头来……在另一场合，当前厅站满了人并且通报了国王和王后名号的全称时，两扇门慢慢地开启——"皇帝……"在全场肃静中，他迈着有力的步伐独自走到前面来。还有一次，在两队人马之间——一队是穿着淡紫色和金色的制服、戴着一码长的鸟羽、穿着亮光闪闪的皮短裤的骑兵，另一队是二十名身束金色带子、头戴豪华头饰的陆军元帅——来了一位骑马的人，身穿普通衣服，头戴一顶压低的黑帽，跑得飞快，而且是单人独马。这是喜剧吗？我不知道。毋宁说是对于有着强烈对照的事物的浪漫式的爱好。这无疑是他那夸大了的对自己可怕的孤独处境表示同情的感情流露——为了克服经常浮现在眼前的幻想,他需要有那种感情。一天,罗德勒陪着他在蒂勒利宫一群高贵而奢华的随从中走过,并指出这些人带有忧伤的神情时,拿破仑回答说:"是的——像是伟大人物。"

喜剧以说谎为前提——但也以幻想为前提。坏的喜剧作家是会说谎的人,而好的喜剧作家则是受幻想支配的人。一个爱说谎,另一个不爱说谎。最伟大的艺术家不过是一个高明的说谎者,他要使从现实中产生的幻想符合于现实。像莎士比亚或伦布朗一样,拿破仑相信自己说过的话。但诗人的谎言把整个社会撇在一边。组成人类社会的群众想了解诗人,却只能看到他的谎言。因此,庸俗的人骂莎士比亚和伦布朗说谎。庸俗的人并没有错。莎士比亚和伦布朗确是在说谎。但是,他们仅仅是为了自己艺术上的需要而说谎;拿破仑也是这样。他的艺术由于一种机遇而把整个人类作为他的工具,虽然他对此并无责任,但是在庸俗的人的眼里,那种机遇就足以用来对他进行咒骂了。为了不对自己说谎,他像一个诗人、或像一个情人、或像一个神话编造者那样说谎——神话编造者是来自神秘的东方并希望使未来世界符合于自己的情感的。奇迹使他眼花目眩。而当他将不可能有两种解释的事实编成谎言时,他天真地认为,这样他就可以把他的幻想注入人们的心中，而这种幻想是他关于自己的事业所抱有的，也是为实现其事业所必不可少的；人们则是实现他的伟大事业的工具。著名的《公报》只是对士兵的简单头脑进行工作从而保持他们的必要信心的一种手段。每一个人都对人民说谎，特别是那些自称为人民之友的人，甚至是那些自以为是人民之友的人。人民是听不到真实情况的，因此在把真实情况告诉人民的同时，人民还要一些谎话，以便在可怕的真实情况之外提供一种新的希望。拿破仑的谎言不过是一种强烈想象的反响，而想象之外并没有真实，但这想象却是在力图使那些在他自己脑海里出现的想象事件与真实事件相符合。除了在行动中——除了在一幅画里、一支交响乐曲里、一首诗里——想象是根本觉察不出来的。

他的幻想——只有他的幻想才是真实的情况。别人的幻想，只有当它们有助于形成他自己的理解时才有现实的意义，或者当它们像正在组织起来的群众的影子或映象时才有现实的意义。因为那种群众是他的事业的轴心，决定着他的事业的全部其他因素的声调、性质、动作和彩色。有人说过，拿破仑有妒忌之心。这是十足的蠢话，不过表明这样责难的人自己妒忌拿破仑而已。一支交响乐曲的作曲家难道会妒忌一个向群众演奏这支乐曲的第一提琴手吗？如果作曲家在场，如果他被人们遗忘了，如果受到喝彩的是音乐名手，总之，如果把构思的成就归功于音乐名手，而这种构思的巨大复杂性，神奇的广度，它所包含的效果、发展、迷离恍惚的气氛以及运动方面的无限丰富性又只有作曲家一人才了解，那么，作曲家可能会愤怒，甚至会难过，而且这是很自然的。就拿破仑而言，当他自己的力量发生问题时，他无法了解他借以表现其力量的任何工具可能会掩蔽他的王权。他很愿意给予这种工具以应得的酬劳——全部的酬劳——但只能在他自己得到酬劳**之后**。由于他知道这种工具在他的计划中的功用，他便大量地赏赐荣誉和金钱。有人说过，拿破仑注意不让他的部下得到与他们个人成就相称的称号，以便把他们的光荣掩盖在他自己的功绩之后。可惜，这种说法是错误的。拉纳得到蒙蒂贝洛公爵的称号，达武得到的是奥尔施塔特公爵，奥日罗得到的是卡斯蒂利奥内公爵，奈伊是埃尔香让公爵，凯勒曼是瓦尔米公爵。难道不能同样可靠地断言，当拿破仑将里沃利公爵的称号加在马塞纳姓名之内的时候，他是把那天的胜利归功于马塞纳吗？

在奥尔施塔特战役之后，他是命令达武首先进入柏林的。他在掌握大权之前，曾把共和国最精锐的军队交给莫勒——当时虽与他相差甚远但还能跟他相比的作为领袖的唯一人物——而他自己却带领一支小小的部队去意大利作战。当莫勒拒绝采用拿破仑在乌尔姆终于采用的作战计划时,拿破仑并不坚持,而让莫勒自由抉择。布廉纳说,拿破仑在得到打胜仗的消息时,高兴得跳起来。人们妄说拿破仑曾命令莫勒在兵临维也纳之时驻足不前。这不真实。莫勒是自动停止前进的。关于坎波－福尔米奥,也有这样的妄说,当时拿破仑比来因军的将军们离维也纳近得多——而且这些将军是打了败仗的。坚持己见、分析研究、牵强附会、随意臆说、暗中讽示——就是这些。为了把他拉下来,拉到普通人的水平,人们采取贬抑的方法。非常值得注意的是,我们的思想习惯总是使我们指望有创造力的人有着一切不良的品德。我们要苍鹰无翼而飞翔,斧钺无刃而砍削,诗人无灵感而写诗。

第三章

正　　面

一

人的未来性格，在他们幼年时就可以看出，如果人们准备从他们脸上表露出来的激情，而不是根据他们在学校课堂上的驯良行为来判断他们的话。拿破仑有他极强的傲性，他在儿童时就有高出人众的征象。在任何游戏中，他总是名列第一；哪怕他的衣服被撕破，口角在流血，他也仍以领袖的地位自居；而在众人的喧嚣哄笑中，他又往往独处一隅，沉默不言。他可能被人打得头破血流，但他决不叫喊或哭泣。他可能是无辜的，但他永远不愿声明自己是无辜的。他被人欺凌殴打，但他咬紧牙关。布廉纳说："拿破仑很少有理由喜欢他的同学，但他不屑对他们提出控诉；而当轮到他来监督这一或那一职务时，他宁愿受罚也不愿告发那些犯错误的小子。"其后，他登上帝位，前事就一概忘却。不论是谁，只要曾是他的老师和同学，他都给以优渥的礼遇。

他做过很少人会做的一件事：对那些在他困顿的日子里见过他的人，他同他们取得了联系，并且保护了他们。因为他是经历过困顿惨淡的日子的。他挨过饿。他尝过一天只吃一顿饭的滋味——而那一顿饭吃的也只是干面包。他穿过膝盖和肘部都已磨得发绿的衣服，穿过纸板做底的鞋子。他从未出过一声怨言。如果有人要给他钱，他的脸就会变得绯红，掉头走开。他用自己每个月六十法郎的薪饷抚养大了他的兄弟路易。他亲自做饭，料理家务。在他做皇帝时，有一个官吏抱怨每月只挣一千法郎，拿破仑答道："先生，这种情景我都清楚……当我有幸任少尉军官的时候，我经常拿干面包当作早餐，但我把我的贫困置诸度外。"

如同所有的浪漫派艺术家一样——而拿破仑是历史上最伟大并且无疑是最有权势的一个艺术家——他充满着"布尔乔亚美德"；而"布尔乔亚美德"和一切其他美德不同之处，在于"布尔乔亚美德"总有某些可笑的地方：过分地注重文雅礼仪，狂热地追求家宅的齐整别致，炉边摆着拖鞋。这种"布尔乔亚美德"在布尔乔亚主义高潮中达到了顶峰；至少在法律方面，拿破仑还是布尔乔亚主义真正的奠基人。这种美德使巴尔扎克多愁善感，雨果头脑膨胀，安格雷受到腐蚀，米歇莱大叫大喊，斯丹塔尔竟也口吃嗫嚅，卡莱尔则神论玄谈起来了。这些美德使这些意志坚强的人看来好像讽刺漫画；因此，就以梯也尔的情况来说，我们不得不以此自慰，而认为这些美德是在对它们最可鄙的无知中显示出来的。这些美德在拿破仑身上是令人诧异的,我们必须注意防止使用这些美德作为原谅他那些被指控的罪行的借口。因为,相反,也许这些美德正是最能为我们说明他的所谓罪行的。

拿破仑满身是布尔乔亚美德。某些人——穷苦人——因为这一点而赞美他。另一些人——较为富有的——则以同样的理由责备他。人们说,这样的人没有权利做一个好儿子,一个好兄弟,好丈夫,好父亲,好朋友,好当家人。不论怎样,家族感情和他自己的家庭,在从物质上使他遭到破产以后,还损害了他的精神业绩。因为,尽管看来荒谬,他的亲戚妒忌他,他们一阵阵"良心"发作,认为他们有军事才能,具有神圣的权利,长子继承权,[3]他们向他提出抗议,对他丢给他们的各式各样的王位表示反对,因为还有别的王位更中他们的意。"听他们这样说,人们还会以为我把祖产败光了呢。"他分封他们为国王和女王,用无数的爵位填饱他们,赏赐给他们大量的财富。但是他们——他们却掠夺他,出卖他;然而他始终宽恕他们。[4]因为,拿破仑其实是个软心肠的人,他能够克制自己并且审慎周到,但他必须操劳的事太多了,要他长期克制和始终周到是不可能的。他的最凶恶的敌人马蒙很知道这一点:"拿破仑隐藏他的敏感,在这一点上,他和其他人不同——这些人虽然一点敏感也没有,却假装出一副敏感的样子。凡在拿破仑面前表露真情的人,都不会枉费心机,而且总会深深打动他的。"他宠爱他的儿子,他会和儿子一连玩上几个钟点,让儿子逗弄他。他以十分布尔乔亚的方式爱他的前妻和后妻,而当他休掉他的前妻时,这是一出充满良心、眼泪和悔恨的戏剧:那个放荡不羁的女人利用他那难以令人置信的单纯,真是太久了。约瑟芬的儿女就是他的儿女。他写信给欧仁说:"我对你的情意是无以复加的,我心里没有比你更亲爱的人,这个情意是永远不变的。"而且,在他所有的亲戚当中,只有欧仁以自己的忠诚、正直、纯洁、信誉,不愧为他的同族。至少从消极方面来说是这样。——因为欧仁不是拿破仑这一号的人物。他是一个诚实的人——仅此而已。不过,拿破仑之所以爱他,可能就是这个原因,他知道在欧仁那里,他会找到肯定的支持和完全的担保。他知道欧仁与那些出卖他和依靠他来养肥自己的人不同,他是可以使他放心的。当他疲于政事,操劳过度时,欧仁是他的孤独的心可以得到慰藉的一个感情上的支柱。另一个支柱是他的妹妹波利娜,在拿破仑代表男性美德的世界中,她是女性的光耀;正如拿破仑是力的天才一样,她是爱的天才。这个他所喜爱、也敬爱他的妹妹,单独跟了她的母亲同他到了厄尔巴岛;而她,如果不是由于他比她心胸更为豁达的话,本来是会跟他到圣海伦娜岛去的。在拿破仑失败后,她从未停止过以她的柔情和金钱给予他以支持。当忘恩负义像麻风病一般在兄弟亲友部属间四散蔓延的时候——这种忘恩负义他装作不见也但愿闭眼不见——她典当和出卖了她所有的珠宝,以供他的急需。

在这一点上,有人在谈论乱伦行为——其实这是毫无证据,只是为了中伤污蔑他的。人们领会不到,他的"布尔乔亚美德"本身就使得这样的事极不可能,实际上他是生于西方环境中的一个半东方人,他受他的教育、他的意志和他的民主信仰的羁束。如果他像一只野兽那样,在残杀和逞欲的交替狂欢中,躺在日光下吮吸着鲜血,舐舔他的魔爪;如果他是一只践踏蹂躏男人的头颅和女人的皮肉的野兽,不是单纯为了从他自身的尖锐的复杂性中去了解自己,而是在冲动的可怕的但却是凛然不可遏阻的简单需要下,试图利用其神经官能的突然和转瞬即逝的冲动,那么,这样一种关于乱伦的讽毁就无论怎样也无损于他。如果他真是那样,那倒会使他的形象更为完整。大洋这边的我们是不可能理解一个人可以完美无缺或坏到家了的。如果他真是那样,那就是另一幅图画了,也许是更为明确,更为单纯,因而,对我们来说,也不那样不可捉摸了。对于一个发高烧的梦呓者,沙漠中的绿洲没有用处;一个口渴的人,他需要的不是果子；而对一个追求一切人的爱、同时又要把自己的爱加于所有人的人来说，问题不在于什么女人的柔情。这个美丽而光彩夺目的爱慕者，是以妹妹对哥哥的爱情来爱这个伟人的；那种思想卑劣的人，不但不承认这一事实，反而提出了上述乱伦的解释，这倒可能是一种非出自本意的对英雄们的高超的崇敬。

因此请看一下这位拿破仑，他一再让步，一再示弱，甚至一误再误，而这一切都出于他对本族人的迷信：是出于他对一位喃喃不休、满口奇怪土话的吝啬的老妇人的尊敬——就是他那意志顽强的、老古板的母亲，好像古代亚马孙族的强悍妇女那样，一个时候曾胎里怀着拿破仑，披荆斩棘，出入丛林；这也是出于他对他的兄弟辈的感情，他们虽然举止轻浮，抑郁阴沉，但也不好不坏，不过顽劣成性，贪恋虚荣；出于他对他那些脾气很坏但有时却心地侠义的姊妹们的感情——其中至少一个是美丽和善良的；这也是由于他的一个妻子愚昧癫狂，另一个妻子糊涂淫荡。那么请看一下这个在家庭或私室里怀着他那庞大的梦想，而像乡村律师那样无微不至地为他的本族人谋求优差和肥缺的拿破仑。这是一个永久的矛盾，它一方面掩盖了、另一方面又暴露出这个人的神秘性，使他成为从其想象力讲是如此伟大，而从情感上看又如此平凡的一个人物。正是由于这些情感，他才忽略了他的事业的人性的方面，正像他的傲性使他保存了它的神圣的方面一样。

二

拿破仑的傲性是那么无限广大，实际上它是他的生命的神秘境界的一部分，是他身上永恒和高贵的素质中的决定因素——崇高的宿命主义。这种宿命主义仅仅以他的意志力为工具，它从根本上只承认一个生活目的，就是用如此之深刻的变化铭刻在事件以及人们的感情和灵魂上，以至整个人类都把这种变化看作对其自身的不朽起关键作用的一个插曲。他受到尊崇，正像一个时代受到尊崇——正像他自己的时代（他是其内在的动机）受到尊崇。他的动机决定于那个模糊的急切的本能，这个本能对他说来，只代表着一种无法逃避、无法拦阻的奇异的历史命运。但是，如果承认他有这样的傲性，纵令他并未企图跃居最高权位，他也仍将——即便他一直居住在沙漠中——努力证明他自己就是唯一的、可以说是命该如此的人。他一定要所有的人承认这一点——用他们的行动，而不仅用他们的言词。在他的业绩前面，任何人的意志必须服从。[5] 听到他的话音，所有人的眼睛必须低垂。至于那些侮辱——在他看来，乃是对他的使命的一种误解，是对所有人的共同命运的背叛。它们不仅使他感到痛苦，而且使他惊讶："我这个人，也许可以被杀掉，但决不受人凌辱。"

这样一种情感，必须伴随着素朴的品质。因为显然，任何外观，甚至君主权力的外观，也不能使它满意。布廉纳说道："在波拿巴的内心深处，他一直既对执政时期的粗俗的华美，也对帝政时期的浮夸虚饰加以蔑视。"从他愁苦的青年时代废寝忘食的专心致志，到他一生中光耀夺目的顶峰，以及放逐时期精神上和肉体上的痛苦，有千百件事例都足以证明这一点。虚荣喜爱喧嚣，骄傲宁愿沉默。拿破仑在谈到法国人的虚荣心时，曾经说过："什么时候我们能够以少许的自豪来代替这种对虚荣的爱好呢？"说真的，他避开人群，避开他们的欢呼和盛典。随着对他的好奇心的增长，以及各族人民的狂热和苦痛四处激荡，他的心志日趋孤高隐遁时，这种情况就更加显著，而且对他更加麻烦了。在马仑戈之后，拿破仑写道："我将出其不意地到达巴黎，我不想要一个凯旋门或任何方式的庆典。我有足够的自知之明而不需要这种繁文缛节。"事实是，他总是在晚上到巴黎，或从意想不到的城门进入，或是提前数小时到达，以致连最殷切的观光者也感到惘然不知所措了。当他无法回避一次庆典时，当他不得不勉强参加，如同他不得不迁就一个他必须使用的工具——就像匠人不得不用錾子凿石，农夫不得不用犁耕田那样时，他就感到痛苦。因为在他看来，这显然是人们下贱、愚蠢、奴性和庸俗的表现，以致他担忧一旦同这些人接触，他就会流露出对他们的鄙视，从而损害他从上统治他们的权力。他从未第一个进入一个被征服的国都：他甚至完全避开这些地方，这里有着一种意图——在这种意图中，他那贵族的坚忍克制心理的餍足似乎和保持笼罩着他的神秘性的意愿混合在一起。他没有进入马德里。他在一纸辞意严厉的短信中，命令约瑟夫以隆重的仪式进入布尔果斯："正如我认为，在涉及我的场合，礼仪应该力求简单；我认为你却应享有充分的礼仪。依我的意见，礼仪很不适合军人的职业。况且我也不需要这种礼仪。"拿破仑从欧洲的一头驰骋到另一头，好像游离在他的军队中一样——为了鼓励军队的士气，他在认为必要时就在士兵面前露面；但只是在他认为对他所追求的目的有必要时——这些目的并未实现，但他对达到这些目的的途径是知道的——以及需要使礼仪在人们的想象力上产生奇异的效果时，他才在一定时机（诸如在德累斯顿和在埃尔富特）布置一次隆重的仪式，并召集各国皇帝和臣属的国王们来参加。"皇帝这个称号有什么了不起呢？它同其他字一样，只是一个字。如果我与后世相见时，除了这一称号之外，别无所有，那我就将为后世所耻笑。"[6] 他和那些谴责他的、心胸狭隘的清教徒们一样，懂得皇帝这个称号以及与之俱来的外在权力的重要性，然而清教徒们却不肯理解那只不过是弦乐队里的一个乐器，对于他在不停顿的抒情的陶醉中所构思并谱写的宏伟的交响乐，是必不可少的。

这一点在拿破仑失败的时刻最容易看到。当那些他给填饱了肚子的人，那些他一手提拔起来的人——在最前面的行列中有他自己的家族——所有的人都一个个地抛弃他的时候，在他与世界进行的斗争中，只剩下少数老农和还站在他这边的兵士，那时正是他的傲性使他拒绝了同盟国（他们尽管兵临巴黎城下，却为自己的胜利吓得发抖）许给他的条件：法国、比利时直到来因河，意大利……疯了吗？也许是。但那是何等强大的精神力量！他可能这样说："在反抗整个宇宙中，在我一边的，除我以外没有别人，只有我独自一个和蕴藏在我心里的热情。看我吧。即使把我打倒，甚至把我杀掉，我也仍将保持我内心的帝国。即使为了双重王冠和巩固的权力，和平和休息，以及巨大的财富，和全人类的祝福，我也决不放弃我朦胧看到的那颗星星的任何一线光芒。当世界上所有帝王和所有的民族,我自己的民族也在内——是的,还有上帝本身——都倾向天平的另一端时,扭转天平的是我……"两年以后,当全欧洲在他背后武装起来,他长驱直入俄罗斯草原,无情地置自己生命于度外、遏制不住自己而去发现那个最后的命运时,有人问他,当他不在法国时,如果敌人前来攻打法国,谁将保卫它,他答道:"我的威名。"

三

在我看来,自豪是最高的美德,它是按照受它制约的雄心的本质调整它的创造力的。但这里还必须把我们的意思说清楚。一种形式的雄心是炫耀一番。另一种形式是**存在**。这两种形式的雄心之间并没有等次之分——或几乎没有什么等次之分。前者之于后者,就像浮夸之于自豪。应当为前一种雄心造一个词,因为不幸,当我们说到雄心的时候,最经常的是指前一种。但是应当说,美德仅仅包含在后者之中。

有一个事实一直使我感到诧异:那就是一些人从在大学读书的时候起,就有志于成为部长、地方长官、大使、院士或共和国总统，就被看作为有雄心的人，而他们大部分并没有大志。在六个月或甚至七年里，把一些官员置于你的号令之下，在各种规章限度之内行事，而那些规章甚至不是你本人所制定的！在同样的情况下，要一个诗人写诗来启发一个选民大会，却限定他不要超出一定的节数、全篇还要用同样的韵脚，你能想象他会同意吗？政治上的雄心可以是最可怜的——也可以是最崇高的——这要看我们所探讨的具体事例。但是后一种情况，一千年当中也不过发生一两次。一个不配成为、而实际上也没有成为绝对主人的当权者，从拿破仑有资格成为这样的人这个事实来说，他就是一个奴隶。我确实相信，拿破仑享有独一无二的特权来证明，倘若一个人当了权而不是拿破仑，那他就算不了什么。

不论是当权还是居于任何其他地位，只有一种雄心是值得有的，而拿破仑知道它是什么。他明确地并庄严地为它下定义说："对人们的思想加以支配的雄心，是一切情感中最强有力的情感。"这就是他的最强有力的情感。只有野心勃勃的庸才可能谴责他抱有一个庸碌的雄心——比如说包括当皇帝的雄心。[7] 他的雄心是这种性质的，它使一个人在青年时代注定不怎么被人注意，因为在他的谈吐、服装、举止或姿态中，它都并不特别显著；而只有那些善于看相的人，才能发现它正隐藏在他的紧闭的嘴、他的微皱的眉头和他那炯炯的目光的背后。谁都看不见它,甚至具有这种雄心的人自己也看不见它,因为那时它还不存在。他诚然自豪,但正因为这样,他局促不安。如果他瞧不起万人空巷的盛典和豪华的军服,那是因为他唯恐有朝一日他穿上这种军服、并在这种盛典的场合接待宾客时,他会被人注意或受人非议。多疑的谦虚是一个孩子的初级形式的自豪,除非这个孩子非常有才智,否则它能摧毁他的全部创造性美德。但是,如果他的日益增长的意志力或者一种偶然性能够使他知道他为什么会这样谦虚、以及在这种自豪下面为什么会隐藏着优越感,那么他那连自己都没有觉察到的雄心,他周围的人们根据他们心理的敏锐程度称之为谦虚或冷漠的雄心,只要一遇到机会,就将通过他日益强烈的感情或外界发生的事件表露出来。使他大为诧异的是,有一天他将感到自己比那些瞧不起他或忽视他的人要高超,而只不过是昨天他还在那里羡慕他们的自信、大胆和冷静。于是他就试图发现和掌握获得真正能力的办法,他将感到这种真正的能力正在自己身上涌现出来。

拿破仑的雄心,不论在他的幼年时代还是在他的少年时代,都是显而易见的。这位艺术家并没有觉察到他自己的能力;他习惯于内省,他出于本能地克制自己。他反求诸己。他已经知道他不要当什么,但是他还没有觉察到他要当什么。这不过是因为他不知道或甚至没有觉察到他能够当什么。他不了解他自己,而且——请注意这一点——他始终没能了解他自己。那是一个伟大人物的标志,尽管就他使用的手段而言,他是自己的主人,但是在目的方面,他却被他那股奔放狂热的感情和他自己的神秘性所迷惑。在他的一生中,他只有一个外在的、根本的雄心,而这就是为了积极表现他感到自己具有的伟大品质所需要的唯一雄心。自从他第一次看到战斗和进行战争的那一天起,自从他意识到正在自己身边作战的人们的无能,而且感到战争正以一种透彻的迷醉力突然提高着他的果断、刚毅和使概念与行动相结合的能力——而在这之前他并不曾觉察到他有这方面的能力——的那个时刻起,他所要得到的就是统率的大权。于是他就咬紧了牙关,开始阴谋策划。他担当起了使他遭受无情痛苦的费力不讨好的任务:为了要同巴拉搞好关系,他抑制住自己对他的憎恨;他用葡萄弹射击在圣-罗克教堂台阶上的闹宗派的人群。为了砍掉九头妖希德拉的头,赫克利斯曾横越一片沼泽。为了活着——就是说,为了体验生活,法朗苏瓦·维龙实行偷窃。米开朗琪罗为要获得一块足够抒发感情的活动地盘,而在教皇面前卑躬屈节。歌德向一个幼君逢迎献媚,以便他不必为糊口而枉费时间。耶稣总是听从别人,以达到所有的人都听从他的目的。如果我们想要解放自己的力量，那么不管我们如何伟大，在我们的一生中至少也要有一次不得不屈服于这样或那样形式的奴役之下。

拿破仑说过这样一句引人注意的话："我并无大志……"一个人如果体会不到这句话的惊人的天真，其心胸是何等狭小啊！"我并无大志……或者说，如果我有的话，它对我是如此自然，如此与生俱来，如此地在本质上属于我生命的一部分，以致它像流在我血管中的血液，像我所呼吸的空气；它与我的其他本能并无区别，它也并不比这些本能要求我行动得更迅速一些；我从不为争取它或反对它而斗争，它从不比我更为仓惶；它只是随着境遇并随着我的全部思想而推进。"这段话应当能满足这样一些人：他们最关心的不是在历史和人生中去发现一些敏锐敢行的人物，并赋予他们以值得称为高贵的品质；而是宁愿试图硬把每一个人都套在固定的框子里面——应当注意，这个框子本身是在远古时候为某个制定自己法律的敏锐敢行的人物所设计的。每隔一两千年，就会经历这么一个时刻，这时对伟大人物的研究，包括对他们最秘密的活动的考察，在造就一些个人使他们担负重任、以一种新型的积极的服从来培养人们的思想方面，对于整个社会来说，要比消极地服从一个几乎完全湮没无闻和荒唐无稽的人物的有限箴言，更有用处。我们不知道摩西是怎样一个人，然而我们或多或少、不管愿意或不愿意，总是坚持服从他。如果我们不知道拿破仑是谁，而且如果他遗留给我们的只有十条格言——比如说，像这样一条："利益只是通向卑鄙行为的钥匙"——那么谁敢断言，我们不能在那些格言中找到足以把人类从民主制的最低级形式中拯救出来的新贵族制因素呢？在这种民主制的形式下，人类已被摩西的法律埋葬达三千五百年之久。摩西或许不过是一个冷酷和无耻的奴隶贩子。谁也不了解。那个敏锐敢行的人物是世界围绕着它成熟起来的一个核心。我们喜欢称之为他的美德和他的缺点的东西，其实不过是同一块坚硬的金刚石的不同侧面，都是在不可抗拒的统一的情况下，由他的性格的力量逐渐结成的。

"毫无疑问，我的性格是一种非常特殊的性格。但是，一个人倘若不具有不平凡的特征，他无论如何也不会成为非凡的人。我是射入空间的一个岩石碎块。也许你们难以相信我，我决不惋惜我的伟大。"至于我，却是相信他的。我相信当他被押解囚禁时，他只惋惜一件事：失去了追求和实现正出现在他脑海里的幻想的手段。我确信，鲁本斯会毫不遗憾地离开他的宫殿和大使的职位，如果让他在宫殿官职和画笔之间进行选择的话。拿破仑的画笔就是驾驭感情、军队和各族人民的方法——这就是说，它是某种最高权力，"他的伟大"不过是这种最高权力的一种外在标志。这种标志是为使别人高兴、而却为他内心所鄙夷的；凡是涉及到它的，对他来说都同样是虚荣的苦事。同时，他十分注意通过他的举止、服装、谈吐和表情来证明一个受权于神的国王和一个由自己的功绩而登极的自由人之间的差距。"实际的王位不过是盖着天鹅绒的几块木头而已。而真正的王位是一个人，而这个人就是我，连同我的意志力、我的性格、我的威望。"王侯们的微不足道的贡品使他作呕。对于像在他脚下流过的泥汤一样卑鄙的谄媚，他只有厌恶——当众表示厌恶。你倾听着他，一定会说他越是埋头于他所做的事，就越感到自己的超脱，而且说他的行为正是加强着他的超脱，而他也就越发自得其乐。同奥地利皇室的婚姻是一个了不起的试验，是一次在沙漠中的舞蹈，是一位巨人的祝捷和幻想破灭的游戏。他想要知道他的力量能把他带到怎样的顶峰，国王们的恐惧、怯懦和卑屈会使他们掉进怎样的深渊。他想把自己抚育在一个权力的内在景象里，只有这种权力的极限是他所不知道的。他用一个诗人的蔑视态度，对待所有那些认为他正在追求一个确定目的的人们，这些人在他的事业的每一阶段都喘一口气，深信他已经实现了那个目的——比如说一个王位，或取得某个新的省份。他们看到他已经达到了他们自己的渺小抱负的顶峰,对他们的渺小的胸襟来说,那已经足够了。每个人——他的敌人和他的朋友,都认定他是这样一个人:用一个王位就能使他动心,十个王位就能使他心满意足。充当法国的主人,欧洲的主人,全世界的主人——而当这位绝对真理的朝圣者感到他永远也不能通晓自己内心的奥秘时,对他来说,上面的一切又算得了什么呢?

我问你们,一个人究竟为什么要在自己的时代中炫耀一番呢?为了**存在**,为了未来,为了永恒——这就是他所寻求的。"不朽是留在人类记忆中的一桩纪念品。这就是说,一个引向各种伟大事业的思想。与其不能留下自己生存的痕迹,倒不如从未活着过。"[8] 他有属于伟大性格的那种对永恒的渴望。他要求时间为他所有,大大地超过他对空间的要求。空间是那样地狭小。一个具有伟大胸怀的人总是忽视空间的。他与过去生活过和今后将活下去的所有的人是处于同时代的。他很知道他曾使人们的心脏跳动过,他将使它们再次跳动。倘若随着他在人世间的期限快满了,他的超逸感增强了,这是因为在他的永恒的生命中,他同那些不再存在的人们或那些尚未开始生存的人们有着更加密切的联系,而且因为他设想自己是一支理想的军队的成员,总有一天自己的权利将在那里得到承认。幻想的力量!他能相信这一点，尽管他知道在他死的时候，他的意识将转入无穷的长夜中。关于他的光荣，他将一无所知。但他知道光荣将在那里。他决心要它存在。他既爱慕，又战斗，他既使自己被人憎恨，又使自己被人爱慕，这都是为了增添他的光荣。不管人的精神怎样发展下去，他将是这种精神的一部分。

对于这种类型的人来说，受苦不过是一种方法，死亡——则是另一种方法。"只要能当上凯撒，谁不甘愿让人刺死呢？"幻想，幻想！你那伟大胸怀是何等令人感动——你知道大丈夫"是稀少的"，你以为你了解他们，然而你太不了解他们了。他们的确比你所想象的还要稀少。每个世纪里，在死后将永远活在人类共同记忆之中的条件下甘愿殉难的，有没有两三个人呢？或许一个人也没有。拿破仑则甘愿殉难，因为他是这样一个人。[9]在他失败后，使他最痛苦的，是关于他在各民族的记忆中将不能占有比得上亚历山大或凯撒的地位的念头。对于诗人来说，已经完成的东西是无所谓的。尚待完成的东西——只有这个才算数。他当时四十五岁，在高尚人物中间，这正是一个人的本性的主要因素，在一个更有秩序和更合乎逻辑的基础上、在一个更加平衡和更加明确的基础上，对自己重新进行安排的年岁；随着时间的推移，孜孜不倦的培养加强了那些因素；它们这时准备翱翔,从事一系列的征服。这是他青年时代的心灵所不曾悬想过的;随着这些因素和生命尽头之间的距离的缩小,这种心灵就逐渐成长起来。如今他是一名囚犯:他不能实现他的梦想了——而这个梦想一直在扩大它的规模。有人告诉他,他正在死于衰弱。他喊道:"不!那不是衰弱,那是我的力量在窒息着我;那是生命在杀害着我。"他将永远做不到他本来能够做到的那样的人,而他正在因此而走向死亡。但是请留意不要可怜他。不要假装持有他的观点,而猜想像他这样一个人可以同活着的、已经死去的或尚未出生的其他任何人相比较。他说道:"光荣吗?我曾把它塞饱了肚子。我曾像垃圾一样把它扔掉。顺便,我可以这样说:我已经把它变成了一种从今以后极其平常的、但同时又是很难加以实现的东西了。"

四

关于他的非凡的能力,凡是可以说的,都说过了。比起绝大多数人来,这非凡的能力给了他直接的好处,倘若没有这些,伟大的人才有时被注定白费气力,或者从行动的领域被推到主观世界的探索和发展上去。他那忍受疲劳、失眠和艰苦的能力，他那巨大的工作能量，他那几乎是超人的记忆力，他那靠炽热的神经维系的岌岌可危的健康状况——他在他那些工作过度的侍从人员中自愿地或强制地激发起来的热情，他使他的军官、大臣，甚至马匹的精力消耗殆尽的做法，他不论什么时候随便在椅子上睡十分钟的习惯，而在这之后，仍像睡前一样坚决、果断、神志清醒：关于这一切，都已经被记载过了。大家曾赞赏他那简单明了的提问，他那斩钉截铁的命令，他那能够万无一失地把所获得的印象立即变为行动的力量。[10] 人们曾议论他对个人清洁的一丝不苟——我认为这是一些愚蠢的议论，因为这些议论明白表示个人清洁是由于某种东方的高雅风尚，某种不正常的神经官能症。但是我宁愿把这个看作需要空间的人——那种睡在地上、天天夜晚观看星星和倾听风向的人的特性，看作那种如果不能有这些大自然的元素做伴侣就会死于忧郁的人的特性。有一次他说道："我的主要药品是水、空气和清洁。"我很相信这句话。因为在这句话当中包含着使英雄获得精确平衡的最可靠的方法。一个圣人则对此无所需求。

但是人们很少说到他的克己，因为这是不容易加以描述的，而且因为道德的毒素再度从中进行干预，使人们判断发生错误。他处在一个大蜘蛛网的中心,条条网丝集中起来,在他的脑中会合。他也许事先不知道他的命运正在带领他去什么地方,但他始终知道走哪一条路去寻求他的命运。不错,他是由各种矛盾组成的——像情感本身一样。他自己的情感遵循了一条具有颠簸和震荡特征的、但又是连绵不断的路线,它一直向前推进,不管它的两边所出现的事件、灾祸或偶发的枝节。他既然具有英雄的精神,他所继承的那一半意大利血缘的狡猾和虚伪,不过成了有力的武器,从属于一个较高的情感,——像爱情一样无私和命定的——他为这个情感牺牲了他人生中其余的一切,并且被迫趋向于它。像他这样一个人,或许是没有道德意识的,但他也不知道伪善是什么意思。他集中他的精力——可以说,在精力的发条上加油——以便在所选定的时刻,他可以不声不响地按照他自己的本性而行动。对他来说,并不发生割裂他的内心,羞惭地克制他那所谓的情感的问题,而毋宁说,他只是不声不响地锤炼那种情感,在他内心深处把它们制成一种大家都不知道的金属。对他来说,充当"他的情感的主人"意味着具有非凡的精神力量,去发现什么是自己最主要的情感,然后为了它而去抑制次要情感。他经常说:"活着就是受苦,而一个正直的人始终为了能够克制自己而奋斗。"[11]

他并不是在所有的场合都这样克制自己的。我提到过他一阵阵地发脾气,任何人只要不同意他的专断的定论,他就给予粗暴打击。此外,生气后感到的悔恨使他精疲力竭,他身体上的残疾也在中间起了很大作用。① 这种悔恨与其说触动了他的良心,不如说触动了他的自豪。如果他不愿意见哈德森·罗艾,那是由于他未能在罗艾面前完全控制自己的神经而内心里感到耻辱。集会使他感到为难,并使他发怒,因为它剥夺了他那不接受批评和毫无商量余地的方法。他对待妇女粗暴无礼,因为实际上他是害怕她们的。老百姓使他讨厌,使他惊惶。在集会、妇女或群众面前,他束手无策。他的素质是精神上的超逸——就是说,这样一个最高力量,在征服自我的前提下,它能够在包围着他的缄默中,并通过极度压抑他的情感,实现极度的超逸,或者——它的同等物——军队的超逸。在这种境界里,他的神经真正是他自己的了。他不愿使用一个曾做过对不起他的事的人,但一个为他效劳的人,他一定给予一个位置,即使是一个不喜欢他和他所不喜欢的人。"一个真正的人绝不憎恨人……他的忿怒和不高兴从不超过一分钟。他不考虑人。他只考虑事——事情的重要性和事情的后果。"

---

① 布廉纳语。

布廉纳说:"他不是那种因个人怨恨而牺牲他的政策要求的人。"凡是他所需要的人,他就加以使用,不管那个人碰巧在什么地方——即使那个人是在敌人的营垒中。他轮流使用憎恨他的人——如古维翁·圣-谢尔、勒古布、麦克唐纳;而在他的军官中,这些人显然都是最被他看重的。他以慷慨的款待等候卡尔诺。他把前一天曾侮辱过他的邦雅曼·康斯坦召到跟前,不加斥责地让他坐在他身旁来仔细推敲自己的想法。作为执政,他收到了克莱贝尔写给督政府的一封信,信中满篇都是对他的控告——而且本质上是诬告——然而他却向在埃及的军队发出一个布告,其中包含这句话:"你们要像无限地相信我一样相信克莱贝尔,他是值得被信赖的。"[12]为了写这句简单的话,他不知克服了什么样的情绪上的激变!

马基雅弗利说过:"命运女神对伟大人物是无可奈何的。她的变化无常尽管忽而抬高他们、忽而贬低他们,但她不能改变他们的计划,也不能改变他们的决策:因为这些计划和决策是以性格为转移,不是她的威力所能及的。"而且事实上,对于拿破仑来说,任何个人事件都不能使他变换他所走的道路。相反,他从这些事件中取得更向前进的力量,因为,为了克服这些事件,他运用了他最锐利的才能。任何障碍也不能使他受到挫折。任何扼制也不能使他气馁。任何灾难也不能使他屈服。正当人人变得昏头昏脑的时候,他被公认为领袖,而且作为领袖,他为人人所追随。于是他走到哪里,所有的人都走到哪里,因为他的一举一动完全适合于当时的情况。他在他的举动中满怀热情,因为这给他一种特殊的愉快,即使他毁坏了他自己的安宁,即使他以自己的运气做担保,即使他以他的生命做赌注,也在所不辞。在阿尔高拉战役中,他冒着枪林弹雨跳到一座桥上,仅仅因为如果他不这样做,他就打不了胜仗,而这一仗他必须打胜。在埃及的沙漠中,他拒绝喝水,直到最后一个士兵喝了水为止。在雅法战役中,他同染上瘟疫的士兵一起行军,因为他的军队正苦于不能振作士气。他同他的步兵部队一起在一次大风雪中步行穿越加达拉马。在布里恩纳战役中,他朝着一颗正在爆炸的炮弹跃马而过,因为他刚注意到他的新兵们正在踌躇不前。"胆量来自思想。勇敢往往不过是指在有危险的位置上的不沉着。"

罪恶不是恐惧、苛刻、憎恨或忿怒造成的,而是恐惧、苛刻、憎恨或忿怒引导我们去做的那件事的性质造成的。它是易受冲动的人的行为,他没有能力在他的情感中看到一个幻象,这个幻象通过使情感高出于庸俗的欲望和欲望的直接满足,而在他内心建成他整个人格的基石;他的缺点,甚至他的邪恶,都帮助培养他整个人格的和谐发展。宽容比严厉使拿破仑犯了更多的错误——或许犯了更多的罪行。但是,且不说每个人——不管进行责难还是进行辩解——都能注意到其顽强性的那些布尔乔亚和家庭的感情,即使是那些使多少有为者跌跤的陈腐的诱惑,甚至肉体的诱惑,都没有抓住他的心灵。"强者是能够随心所欲地截断他的感觉和他的思想之间的联系的人。"不论是女人、阿谀奉承者、权力、名望还是怨恨,都不能使他改变他的目标。

第四章

浑 金

一

　　实际上，我们总有一些较为鄙陋的私心，使我们几乎所有的人都不能对行动家给予公正无私的判断，而我们某些人对诗人倒往往是能给予这种判断的。我们大多数人看到诗人，只是当他好像手执乐队指挥棒的时候，只是当他和我们自己共有的缺点和不幸被他那突然做出的手势抹掉的时候。所以在洋溢的热情中，在一种规定的思想潮流中，就产生出一种清醒的激奋状态，它极其肯定地保留住所有不应被放弃的东西，掩盖住所有不应被强调的东西，而只是把那铿锵的韵律，只是把那壮丽的文体，只是把那引人入胜的音调节拍，尽情地加以雄辩的表述。对于行动家，为什么我们不应给予和这相同的豁达大度的信任呢？行动家的任务是无限戏剧性的。考虑一下吧。垅沟挖出来了，田野的尽头已然在望。但是他的犁头碰在一块硬东西上，折断了，或是歪到一边，或者甚至陷入隐蔽的泥沼而被吞没了。事情并不像他自己想象的那样急迫。因为他的艺术并不是和那大量迟钝和被动的声音、形式、颜色、甚或词句打交道，而是和那矛盾重重、极度冲动和错综复杂的感觉和激情世界打交道。他的原料是人。在人那里，他碰到一种活跃的抵抗，这种抵抗是只同来自内心的事物做斗争的画家、雕刻家或音乐家所不知道的。在他做出每一行动之后，都会遭到一种说他不公正、专断、不道德或残暴的谴责。诗人在其一生中无论如何都能独立工作而不遭任何人的反对；行动家则不然，他只有强迫那些被他纳入他的轨道或被他的意志力所征服的人们服从他，才能获得有创造力的自主权，而这种服从如果不蒙蔽他们，就会引起他们的反感。如果行动家做出某种让步，他就会正是由于这样做而削弱自己的力量。如果他不让步，他就成为一个恶魔。他是生活在他所肩负的责任这出无尽无休的戏剧之中的。

拿破仑懂得这一点。并且他承认这一事实：即使到了尽头，即使真的已经到了这样的尽头。因为，如果他犯了一个错误，他就承认这个错误。如果有人在提到他的错误时——例如关于远征俄国——说这是由于他的大臣们的怂恿，或是由于他的僚属的过失，他会回答说："我是领袖，我应承担全部责任。"这样，他就明白地表示只有他自己有判断他们的权利。他从他们身上剥夺了任何规避他的命令的权利，而他们大多数也都不想这样做。拿破仑说："当我发布一个命令时，人们都服从我，因为责任在我身上。"他清楚地知道，他责任重大，但是他具有、并且在他的行动中表现出这样辉煌的想象力和实行能力，所以他发现所有人的心都越来越快地被引入他的轨道之内。服从他对每个人都有好处，[13] 这不仅是因为他公正而且给人报酬，也不仅是因为这样做能够得到物质利益（因为他在所有人的头上干着最可怕的冒险事业），而是因为在解放了那些无可怀疑的精力之后，每个人都必能得到精神上的利益；有一种比每个人自己的意志力都要无限强大的意志力，从每个人身上辨认出他本来就有的并把他放在适当位置上的各种品质的萌芽，并促使这些萌芽活跃起来变为行动，从而让他看到那些精力。拿破仑说："我让发热的头脑冷静下来，而让冷静的头脑热起来。"他有一种示人以达到一种平衡的可能性的天赋才能，这种平衡的要素是人们原来就有的；他的办法有时是威吓他们，通常是抚慰他们，但在任何情况下都观察他们。他说："你要使人成为什么样的人，他们就成为什么样的人。"实际上他解脱了他们。

他解脱了他们。他之所以有权力，其秘密首先就在于此。他解脱了人们，使之免受批评。他解脱他们，让他们无须被迫进行选择。总之，让他们不必做出决定。那么，既然他的部下在他不在跟前时就没有人敢于做任何事情，他是不是就把他们弄得在他不幸时会辜负他呢？但是，每一件大事业无非是要排除那些除了在此事业产生效果的地方之外到处都无用处的力量。还有，除去普通民众之外，他在一生中也许贬低了一些人物的人格吧——尽管革命斧头的任务就在于砍掉最高的那些人？但是，在普通民众中间，他却锤炼了他们的性格，提高了他们的地位。一句话，他也许制造了奴隶吧？但是，这是各种类型的伟大人物——无论我们想到凯撒，或是耶稣，或是米开朗琪罗——以及不管任何用权力统治的帝国，都必须具备的一个条件。

二

当自负、雄心和自制这样互相熔铸在一起，并且给一个人的天赋才能配备了一副铁和金的骨架，使这些天赋才能能够把它们的印记打在整个宇宙之上的时候，他身上就产生了一种非凡的现象。然而，这也是一种正常的现象，犹如潮水和黑夜那样地不可抗拒。他模糊地感觉到他的命运完全凝注在真正奥秘之神的实体里，这个真正奥秘之神体现出对目的的浑噩无知，并且还体现出一种要越过接连不断的幻象而达到那些目的的巨大力量；这些幻象把它们自己放在他的目的和他本人之间，随之便在他得以捕捉住这些幻象之前，它们就在他面前消失了。拿破仑说："我感到我自己被推向一个未知的目标。当我达到这一目标时，一个原子就足以使我不胜负担。"这样的宿命论决不是有系统的。它决不是由信仰、学说、迷信所诱导出来的。这是他本能地服从他自己的冲动的结果。就是这些冲动的力量，决定了他的自负；就是这些冲动的固定方向，支配了他的雄心；也就是这些冲动，使他成为他自己的主宰，以便能认出它们。他的天才通过他而发生作用；他是他的快乐的工具，但同时也是他的痛苦的工具，因为，他虽然有力量指挥他的才能和行动，以利于他的这种宿命论，但他没有力量抗拒这种宿命论发给他的含糊的命令，这些命令引导他通过许多人群，心情寂寞地沿着血迹斑斑的道路行进。他说："在我一生中，我把一切东西——安宁、**利益**、**幸福**——都为我的命运牺牲了。"

在这样一种态度和这样一句话中，我们怎能不听出这是古代英雄主义的音调呢？这再度肯定了伟大的地中海精神，这种精神既不曾受制于消极的道德，也不曾受制于偏私的伪善。按照普鲁塔克的说法，这就是美德，这个人就曾给他的生活树立了一种风格；这个人就曾走他自己的道路——对他自己比对别人更为无情的道路——以便把他自己和别人导向一种人性；这种人性为命运所统治，但它通过一种崇高的报复，要在命运的陷阱、灾难和不幸中，寻求一种能够扩大和锤炼那种美德的精神养料。它不仅是强者的美德。它也是智者的美德。总之，这是诗人的美德。这个诗人就处在智者和强者把智力的和谐同情感的陶醉结合成为一个单一形式的那一抒情的平衡点上。拿破仑写信给亚历山大说："**不管我们自己会处于什么境地**，我们也必须更伟大些。"他写这句话时就带有诗人的令人难以置信的天真，这个诗人不顾嘲笑和挫折，甚至不顾一种过于匆忙的和友谊的支持，总是陷于幻想之中，以为他只要行动，或甚至只要做出个样子，就能为人所理解。"不管我们自己会处于什么境地，我们也必须更伟大些。做命运注定要做的事，走那不可抗拒的事态发展所引导我们走的路，这是明智而策略的。"

这种宿命论非但不消灭自由意志，而且决定自由意志并提高自由意志的地位。自由意志是它的功能之一。这样一个人总是努力使自己处在各种事件的高峰，不管这些事件可能是些什么，他清楚地知道他可以依赖所有这些事件。他既然是那种易于去冒险、去表演、去征服别人的精力的俘虏，通过堂皇地破坏词义，就达到了否定自由意志的地步。拿破仑写道："一个人越是伟大，他的自由意志就会越少；他依靠事件和环境。我断言我自己是最受奴役的人。我的主人不怜悯我。我所说的我的主人，指的是事物的自然之理。"这是对他的坦率的一种讽刺！这是有史以来自由意志的最有才华的怪人的天真笑声，这个人为了他的狂想，迫使历史匆忙地跟在他的行动后面行进，这种行动不顾前后地把人类导向共同的地平线！于是英雄史诗的神秘主义分解成为一些明确的成分。诗人成为他在人世间的现实任务的囚犯，他的幻想的仆人，他的崇高伟大的牺牲品。他把自己的以及别人的意识投回到湮没无闻之境。他把人类的命运和他自己的命运混在一起。毫无疑问，自从加利利的流浪汉以来，这是头一次，他是对的。

拿破仑是对的。有人责备他自私，但是他的自私是那些最不属于他们自己的人们的那种自私。我曾提到耶稣。但是还有释迦牟尼以及所有那些对于幻想的伟大追求者——莎士比亚或伦布朗，鲁本斯或贝多芬，歌德或雨果。还有所有伟大的思想领袖——以赛亚或圣保罗，路德或洛耀拉，巴斯噶或尼采。谁能算出菲狄亚斯或米开朗琪罗或高乃依的牺牲者的人数呢？在三四百年之后，或在两千五百年之后，某个人的追随者都准备死在巷战里或战场上。他们都准备破坏他们的思想，或是挖出他们自己的眼珠，或是打破他们自己的耳鼓。为了更像拿破仑，人们宁愿停止他们心脏的跳动。拿破仑即使在活着时，也是独自走他自己的路，他看到他的妻子、儿女、弟兄不得其所，的确是很苦恼的；因为他迷恋于始终在他眼前的那种高贵的但是模糊不清的幻想，而又没有花费足够的时间去抚爱他们，照顾他们，所以他觉得难过；但是他总是堵住两耳不去听他们的叫喊而前进。你也许以为这一切他都不知道吗？那你就太不了解他了！他可怜他们远远胜过于他可怜他自己，因为他是从那种实际上只不过是极大迷妄的所谓利己主义的深处寻求慰藉的。拿破仑在圣海伦娜岛上说过："那些被拴在我的命运上的人们比我更不快乐。"但是，他们不是必然要不快乐吗？伟大人物受酷刑的十字架沉重地压在我们所有人的肩膀上。陀斯妥也夫斯基如果同意作沙皇的侍从，他的儿女本来是不会挨饿的。如果耶稣承认他的母亲，也许几百万人就可以免于苦难。但丁如果为保皇党——或教皇党（这都无所谓）——打开佛罗伦萨的城门，他就不会把他的家属抛弃在他的家庭的废墟上。让－雅克如果没有泄露一个妇女的秘事，抛弃他的私生子，毁谤他的朋友，他就不会写出他那本《忏悔录》……伟大的拉马克的儿子关于他的父亲只有一件事要说，这就是他不会管理他的家产！

"我是一个极端的利己主义者。"你们被离开你们所有的亲戚朋友——来跟随我。因为捕获我正在追捕的幽灵，对人类有极大的重要性；它是极其巨大，以致即使所有的人都在我这边帮我捕捉它，我也不会嫌多。在我和这个幽灵之间，我不能容忍有任何障碍物，也不能容忍你们不像我那样地看待这个障碍物，不使用你们的全部才能来为我打倒它。并不是我残忍。是这个幽灵残忍。你们抱怨吗？那你们抱怨好啦！你们要休息！还以为我也要休息！我也要休息吗？那么，你们以为我不在受苦吗？你们不知道我的创伤在哪里吗？那是从我眼里射出的光芒，使你们看不见我的创伤的。"科兰古，你看不见这里发生着的事情吗？我曾使之得到满足的那些人，他们要享福。他们不肯再打了，他们是很糟糕的逻辑家，他们看不到他们还必须继续打下去才能赢得他们如此渴望的休息。我自己怎么样呢？难道我没有皇宫——没有妻子，没有孩儿吗？我不是正在以各种各样的劳务来消耗我的体质吗？为了我们的国家，我不是每天都把我的生命投入祭火吗？这些忘恩负义的人！……只有我的可怜的士兵们，他们是认认真真打仗的。这话说起来是可怕的，但这是老实话。你们知道我应该怎么办吗？把所有这些昨天的贵族老爷都送走，让他们睡在他们的鸭绒被里，让他们在他们的邸宅里神气十足地摇来摆去；然后再靠那纯洁而勇敢的青年人开始作战。"

三

他是他们当中最年幼的一个。也是最纯洁的一个。而且,他除了要捍卫为达到他的幻想所必需的行动以外,他不做任何防卫。对于他——对于他这样一个在心里有着一个想象的世界的迷人宫殿的人——所有这些城堡,这一袋袋金钱,这些绣金的服装,有什么价值呢?他有一次说过,虽然我不能确定他是在什么时候说的,每天一个路易就足够他个人所需了。然而,他挥金如土。任何人只要找到他,就可以花他的钱。无论什么人的债务,他的亲戚的、手下的士兵的、写信给他的和他素不相识的人们的,他都可以代还。他用他自己的钱贴补工商企业,他给桥梁、道路、运河规定造价。他捐款给博物馆使那里文物满架。他所有的东西没有一件不是同时也属于别人的。对于物质财富,他完全看不上眼,或说得更确切些,漠不关心。他所摆弄的排场只是他的体系中的一种方法。他说:"我的产业是由光荣构成的。"

从他童年起就可以看出那么许多迹象来了。青年人,在尚未窥测到他们自己的想象力的广大浩瀚的规模之前,往往不经过任何过渡阶段,直接从在嘲讽和粗暴面前局促不安的缄默——只要他们能发现有个什么人在倾听他们——一变而为对在他眼前出现的一切空中楼阁表现出失却平衡的狂热,而把自己弄成可笑的样子。而在这种青年人中常有的慷慨大度和狂热友谊,他也体验过。他阅读让-雅克,他阅读奥西昂,他甚至阅读贝尔纳丹·德·圣皮埃尔。他贪婪地阅读哲学家的著作并想加以仿效。他要给他的故乡科西嘉复仇。但是,当革命爆发时,他热烈地欢迎它,弄得为着革命而使他自己和他全家不得不离开科西嘉。他总是有显然相反的两面,但实际上是随着他的谈话对手而转移的。对愚人他是沉默寡言的,对热诚的人则他是开朗的,而且推心置腹,全不试探对方的热情基础是否坚实。对于讨人喜欢但浮躁的、而在环境许可时能立刻变成恶棍的亚历山大,他可以把他的宏伟计划和盘托出。他会称他为他的朋友,会拥抱他,会和他臂挽着臂散步一连数小时之久。对德赛,或是福克斯,或是罗德勒,或是歌德,他会毫无保留地倾吐他自己内心深处的想法;对任何一个不重要的来访者,只要这个人表现出一点点注意的神情,一点智力或一点精神,他都可以那样做。但是,他对他们讲述的只会是他自己的幻想。他会一见如故地相信别人的忠诚、想象力、慷慨大度,因为他完全按照自己的标准来判断别人。[14] 当他把自己交给英国时,他毫不怀疑,它会像他曾经欢迎一个到他这里来要求盐与面包、水和安身之处的伟大的英国人那样欢迎他。

我已谈到过宽恕。我已谈到过忘却。这里却远远超过宽恕,甚至超过忘却。后世的判断,整个说来,是妨碍对人进行总结的;而这判断是:他是一个比任何人都更清楚地知道事件对人的思想的作用的宿命论者,他是一个知道动机的奥秘的超等的利己主义者,他是一个具有异常的意志力的人,这个人对那些不敢面对他为了发展和培养可与他自己的意志力相比拟的意志力而受到的苦难的人们,不能怀有恶意。拉斯·卡兹写道:"在他倒台时的复杂环境中,他看待事物总是看它们的整体,并且是站在如此高的立足点来看,因此他就不注意人们本身。有些人,人们本来以为他有充分理由对他们发出怨言,但他从不曾无意中对这些人中的任何一个人表露怨恨。有人在他面前提到他们的名字时,他对之保持缄默……这就是他用来表示他的谴责的最甚之举了。"有时,他甚至会为他们辩解,因为他自己曾经生活得如此紧张才没有摔倒,所以他了解为什么别人会摔倒。他们并不邪恶。他们是按照他们的本性而生活的。而且,命运压在他们身上,和压在他自己身上一样。他说:"你们不了解人;人们如果要做到公正,是不容易了解人的。他们了解他们自己,他们能够表白他们自己吗?那些抛弃了我的人大多数本来也许根本不会想到他们自己会跑掉,这是说,如果我继续走运的话。环境有好的作用也有坏的作用。我们最后所受的考验是超过人类一切力量的!即使是那时候,我也只不过是被人抛弃,而不是被背叛;当时在我周围,懦弱的人多于叛变的人!这是圣彼得的否认,但马上就要悔恨和痛哭。此外,有史以来,谁的追随者和朋友比我更多?谁比我更得人心或更受爱戴呢?……不,人的天性可以表现得比那更加丑恶,我本来是有更多的理由怨天尤人的!"这里已开始有了点浪漫悲观主义的味道,接着就是一个知道怎样致力于行动以克服这种悲观主义的人的斯多噶式的忍受态度。

四

在我看来,这种悲观主义给自由设置了一个条件。我并不认为拿破仑曾经指出过有一个要达到的理想目标:这个目标要求人们信仰正义、自由、幸福等概念之中的一个,而这些概念又是可以很容易被用来激发群众的热情的。他始终一贯地用最猛烈的手段发展他们的潜力,激发他们的荣誉感,发扬他们的竞争精神。另一方面,人民领袖们的社会乐观主义,即在人民面前放置一个形而上学的或社会的偶像,让他们去捕捉的乐观主义,却要求人民立即放弃他们自己的自由。这些领袖为使别人相信,就必须信仰处于他们自身之外并且一切人都能获得的现实事物,而且获得这种现实事物的办法并非通过个人冒险和个人努力,而是通过始终不渝地服从若干命令,而违犯这些命令就被说成是罪行。他们常常都是宽宏大量的,但是,他们虽然领导群众,自己却在群众之中。例如,拿破仑和圣保罗之间就有一道把主和奴隔开的鸿沟:他们两人都没有力量跨越这道鸿沟。

斯丹塔尔常说:"只有一个人是我始终尊敬的,那人就是拿破仑。"那就是说,他从未遇到另一个懂得怎样使自己受人尊敬的人。但必须注意,这需要畏惧或爱戴,二者并用或交替使用。爱戴已经赢得,畏惧已经赢得。这里不涉及暴政使用的物质手段,而是道德手段,这种道德手段表现在事业上,并在完成这些事业的人身上显示出一种铁面无情的决心,要勇往直前,鞠躬尽瘁,甚而至于为了达到目的,他不惜杀人或被杀。在我们中间,拿破仑是最后一位古代人,是古往今来世界上罕见的几个自由人之一。

要做自由人只有两条道路:在思想领域里不让任何人做你的主人,或者在行动领域里做一切人的主人。要细心地注意到,这两条道路不相上下,都意味着一种困难的征服；归根到底，二者都包含着一种完全的自我控制；这是因为，早晚有一天，在一个人生前或死后，甚或是永远地，除了孤傲自赏的时候以外，总要有一种巨大的和谐降临在宇宙的精神遗产上。那是我的看法。这种自我控制，通过服从它的那些人，造出一代一代的奴隶，但它也把少数几个有资格去追求自由的人物置放在英雄的道路上。我谈的是解脱。这与解放完全不同。从所负的责任中解脱出来，就是使你服从于一种不属于你自己的意志。与之相反，解放则是使你服从于你自己的责任。耶稣、马萨奇奥、蒙台涅、塞巴斯蒂安·巴赫、拿破仑——这些都是已获得解放的穷人，但他们却解放了许多富人。并且一举之下，无论穷富，都恢复了他们的个人德行。他们被迫在他们自己身上看到精神力量的壮观，这种精神力量试图通过热诚的内省、热情的好奇心、冒险的爱好和不断的努力，创造它们的自主权。有人由于太腻的肉而噎死，那就未免太不幸了。"超人是不挡别人的道路的。"

　　一种获得解脱的想象就高踞于这种以宿命论为基础的自由之上。这是一种强大的想象，它永远地跑在个人行动的前头；它不断地打碎教育、记忆、习惯、畏惧的先前的枷锁；它使它的主人能够每天都升到一个新的高度并从那里发现可侵占的新平原；它或以它的表现力或以它的行动力允许他不受任何限制而只受他自己的才能的限制,而且,他的才能有多大他自己也不知道。"*我总是比别人提前早过两年。*"当他完全还是一个孩子,穿着破烂的军服,害着热病和疥癣,带着他的服装褴褛的军队越过庇蒙特地区阿尔卑斯山高峻的山隘,像狂信的十字军和以打劫为生的行吟诗人那样,把"允诺给他们的福地"交付给他们的热情时,他并没花费这样多时间。他不需这样多时间就把他的大军从英吉利海峡之滨,经过维也纳和柏林,带到波兰的沼地。他不需这样多的时间就把西方的年轻文明带到金字塔脚下同东方文明中最古老、最被人忘却的文明见面。如果他有机会能迫使整个宇宙服从他,把英国的好运在大陆的壁垒上砸个粉碎,那么他也许需要这样多的时间吧。如果他曾攻占圣-让·达克尔,从叙利亚直捣印度,那也会需要这样多时间,如果他从马德里出发,中途攻占莫斯科,略取君士坦丁堡,从后方进取欧洲,那也会需要这样多时间。可以说,无论在意大利,在埃及,在巴勒斯坦、或在维斯杜拉河彼岸和在蒙古诸帝国的方向上,他都无尽无休地在寻求日出之国。"*伟大的声名只能得之于东方。*"他自始至终向它进军;而且,由于英国用海洋的浓雾阻挡了他的去路,这使他好像要绕地球一周,以便从背后攻击英国似的。他出现了;他的出现本身就不仅足以推翻当时一切政治、军事和道德的概念——那无非是一些空洞的术语、谨小慎微的花招、拘束性的信条而已——而且也足以冲破时间与空间的堡垒，把整个历史和整个地球赶到他所到达的任何地点，把它们卷入他的心里，让它们饱吸他的力量，然后再让它们漂浮回去。对于他，时间和距离只是地球这颗行星的棋盘上的卒子，他只是用这些卒子来配合以他的军队、他的政策以及他所激起的感情和激情为代表的其他棋步。他常说："想象统治世界。"显然，自他出现以后，世界转向他了。

　　二十年，他活跃的一生的这二十年——一共只有二十年活跃的岁月，可是做了多少事啊！他把这二十年都交付给他的诗篇的主题，在这二十年中，我看见他始终处于一种抒情的沉醉状态中。我见他越出当时行动的范围，从那里向前飞跃，发现他的每一行动就是下一行动的出发点，犹如在一句话中每一个词都暗示并决定着下一个词一样。我见他把他的宏伟的交响曲从一个乐章发展到另一个乐章地谱出来，从他意气风发的想象中向前抛出愈来愈宏大、愈来愈急促、愈来愈响亮的层层巨浪，而他的想象力则始终居于浪潮的中心，直接从浪潮的洪波中吸取力量和勇气。我见他孑然一身，但整个宇宙在他灵魂中旋转。他急急地奔向前方，四顾茫然但神志清明，他的心有规律地跳动着，他奔向对他那上气不接下气地勉强跟在他后面的时代有利的方向。他看到他自己的幻景而目眩。他因他自己的力量而沉醉。一切生命为着服从他而存在。"我常常看到世界在我脚下飞行,好像我是腾云驾雾高居空中一般。"

第五章

模　　型

一

　　一个勋章总是从模型里铸造出来的。一个人也不是从天上掉下来的。他被环境、教育、他的祖先和种族束缚于决定着他的本性和事业的一整套情况、事件和机会。即使像拿破仑那样似乎是自主的人也不例外。实际上，如果他似乎是自主的话，更其如此。因为，正如我们已经看到的那样，他就是一个最顺从的人。他知道这一点，并且承认这一点。他的权力是这样一种权力，即它是从时间和空间的所有能量中不断地吸取养料的。一个人越是个人表现得多，他就越不是利己主义者。他越是自由，他就越不是独立的。他越是控制自己，他就越不属于他自己。

　　据我看来，法国人在所有的民族中，似乎最为误解拿破仑，因为他们大都把他看作他们自己中的一个，很少想到他的来历。他的贬抑者和为他辩护的人都在他身上找寻法国人的品质，而当他们没有发现这种品质时，他们就牵强附会和伪造类似之点，以便说得更有声有色。

拿破仑是科西嘉人——首先是意大利人；[①] 我已提到过那些使他一开始就与众不同的基本特征，即他整个的灵魂都集中在一个中心激情的周围，所有其他的激情都为此而被利用或被排斥。其直接的结果就产生了他那贪得无厌地渴求荣誉的心情，使他咬紧牙关并因心脏收缩而脸色苍白。然而还不止这些。一种持续而隐蔽的统治欲保证欧洲那个最有特色的奇怪的种族在动用刀剑时具有严正性和灵活性，但那个种族在其他许多方面也可以被辨认出来。

有一种在整顿世界秩序方面求得统一的热烈愿望，希望出现一种完全不像我们法国人所设想的秩序，并且是一种只有作为在我们的纪念碑、我们的公园、我们的悲剧、我们的音乐和我们所有的文学作品中加以说明的理想才能为我们所了解的秩序，而其所以不易为我们所了解，无疑是因为我们政治上和社会上的混乱相反地是多少带有持续性的。这种秩序不再像我们所看待的那样仅仅是出于推测的，而是由于对那最难克服的激情加以无情的克制而在活生生的材料上刻划出来的有机结构。这种秩序不是代表着一个人的最明智的气质面对最粗野的气质时所采取的放任态度，而是代表着最高贵的激情

---

① 与其说我是科西嘉人，不如说我是意大利人或托斯卡纳人。

气质克服最任性的气质的胜利。一个持有强烈怀疑观点的有教养的智者，寻找会使他与周围的一般愚蠢行为清楚地区分开来的精神上的和谐；一个内心经常孕育着戏剧的伤心的人，力图在戏剧展开时烙上他的意志的印记——这两者之间有很大的距离。度量的尺度不再是相同的。并且，"尺度"这一名词对后者也不能适用。对于前者来说，这是寻求和谐比例的静止的感情，它能够记录完全是精神方面的种种激情的对抗。对于后者来说，这是这些激情本身之间一种动力学的平衡，它在一个强有力的人的心里由于需要规定他自己的做人之道而无时无刻不在克服着。意大利人的平衡，法国人的尺度，是对立的两极：后者追求智力生活，前者则热衷于物质生活。要实现一个巨大的梦想，需要采取非同小可的方法。我们必须抱定主张，不去认为米开朗琪罗和夏丹是合适的比较对象，原因很简单，因为他们从事同一种职业，并且他们每一个都做了很好的工作。我觉得没有多举例子的必要。柯尔贝发布过他的法令和条例，但它们是从外面能够看到的东西，仿佛是适应了政治、行政和美学上统一的体系的需要，在人们头脑里是非常清楚的。拿破仑建立的新社会，是根据曾经养育过他的时代所主张的所谓天赋人权的说法有机地塑造起来的。他用法律代替条例。都伦纳的战略符合于最纯粹和最正确方法的计划。拿破仑的战略从正规步兵和群众的洞察力吸取不可抗拒的灵感，这种灵感像闪电一样在他的头脑中闪过。他用想象来代替纯粹理性。

还有另一件事情，并且我认为那是重要的。他是一个甚至不觉得人家嘲笑的那种意大利人。要是他有这种感觉的话，他一定是控制住了；因为他的激情发出了更高的呼声。我确实知道，有一天当有人对他表示敬意时，他回答说："一个人从崇高到可笑，只有一步之隔。"但那就是问题的焦点：他的动作极其迅速而有冲劲，以致在他已经采取这一具体步骤时，地上没有留下步子的痕迹。他非常坦然地经历了人家的嘲笑，就像一颗炮弹穿过硬纸板做的装饰品一样，没有受它的影响，也没有人注意炮弹打中的情况；装饰品没有抵抗，炮弹粉碎了嘲笑他的人。如果他是法国人的话，他也许不会想要成为拿破仑，因为害怕嘲笑。如果他是德国人，他也许会试一下，但在他有了思想准备以前，嘲笑就会立刻把他淹没掉。如果他是英国人，他也许会获得成功，但是他会本能地用清教徒道貌岸然的神态来抵挡任何嘲笑的可能性。意大利人是唯一不怕嘲笑的人——请回想一下拿破仑的宣言书、他那大胆而出其不意的策略、他的皇帝称号、他献神的仪式、帝国的贵族、奥地利的婚姻——这位意大利人是独一无二的，因为他内心有一种生活的热情，它能战胜嘲笑，就像列车战胜风一样。我又一次想到米开朗琪罗和他所画的奇形怪状的群像和长胡子的圣父，圣父从黑暗的上面漂过，但他的表情是在一种难以想象的意志力的支配下无止境地变得很有节奏的。我想到廷托雷托和他笔下的画面，除了他那了不起的精神加上去的动乱的秩序以外，就没有什么东西使之有别于卖艺人的闹哄哄的场面。我想到吉奥托，他的群像如果在其多情善感的生活的使人感动的深度上没有将其姿态表现为和谐整体的一部分，像最动听的歌喉那样令人赏心悦目，那就会简直像扮鬼脸的喜剧演员。我也不能不想到法国人，他们拿起武器反对那些想要与人群隔绝的一部分本国人，蔑视他们自己的真正艺术家，倾倒于来自其他国家的所有艺术家——就是这些法国人对拿破仑表示欢迎，其原因是他们从他身上立刻就看出那种与他们习惯的标准形成鲜明对比的外国人的性格。我想这一点我们看到的已经很多了。

二

这个意大利人前来征服法国，并在征服法国以后又借助那时刚摆脱贵族压迫的法国人民征服欧洲,于是他本人也就成了贵族。历史上屡见不鲜的而且经常发生的是:一个贵族阶级的背弃者领导渴求解放自己的暴民进行战斗。例如伯里克利,还有凯撒,又如拿破仑。这样的贵族不一定同样具有暴民的激情;但是他了解他们,赞成他们,并且借助于体现着意志和权威的悠久文化来为这些新生力量服务,而这种文化又依靠他一般比其下属为优的教育进一步得到改善。我们对于拿破仑是小贵族这一点不必持反对意见。首先,这还不能肯定。他的家族曾在托斯卡纳或爱米利亚占统治地位,究竟是哪一处我可说不清楚。这些科西嘉的贵族家庭贫寒,骄傲而嫉妒,在经常的威胁下和激烈的氏族争吵和连绵不断的盗匪抢劫中间讨生活,所以保持着一种显然优于法国贵族的指挥才能。法国的贵族是有足够的决心慷慨地死去的,但因两百年来沉湎于家庭生活而日益腐烂。拿破仑出生时,科西嘉岛上暴乱频仍。他的全家两次被逐,两次被褫夺:被法国人驱逐,被科西嘉人褫夺。这就是说先逃进丛林,然后逃到海外,而他的房屋则被劫掠和焚毁;生活穷困;一个贪婪的、凶暴的母亲,八个挨饿的兄弟和姊妹;他在十六岁时充当了他们的保护人。换了别人,也许早就屈膝低头了。他仍然坚韧不屈。但是,苦难和对他本阶级(这个阶级对他冷讽热嘲和嗤之以鼻)

的轻蔑,在他那正在受时代思想影响的头脑中累积起来。以强烈的自尊心和沉默作为防卫的手段,在他贪婪地注视着的可怕的事件中间,发展出来了——人们的领袖。

这位领袖。请看他吧!我知道得很清楚,除了某些迹象以外,一个人的血统的尊贵是很难明显地看到的。这样的迹象,在有教养的人的方面,你主要地会提到他手腕和脚踝纤细,手足细小,但这些迹象并不总是可以辨认的。不管怎么说,身穿盔甲的古代巨人又怎么样呢?举止的高尚来自教育,首先是来自精神的特殊性质;容颜的美丽是碰运气的事情;声腔、威仪、优雅和坚强的力量依靠一个人对自己施加的内在训练的性质。如此这般的资产阶级仪表出众,如此这般的贵族像一个仆从。可是看一看拿破仑。仅仅说他有一个领袖的面貌是不够的。他有一代王朝奠立者的面貌;这面貌比神话的创造者或救世主更加俊秀,并且,即使不是最美的话,肯定也是地球上所曾出现的、也许是自有耶稣以来最明显地命中注定的俊美的面孔。耶稣的面貌我们不清楚,但我们知道一定是惊人的。毫无疑问,拿破仑的面貌由于令人惊叹地集中体现了胆识和精力,以及有所希求、征服和统治的决心,可以说是与耶稣的面貌旗鼓相当,各有千秋。这是如此有生命力的面容,它在人们的记忆中和在空间屹立着,仿佛是一块显著的界碑,标志着一个前所未见的世界的境界的开始。

在这里他和他的同时代人或前人没有共同之处。他那头脑的外形与他们的有别,从头脑里形成的欲望和梦想也大不相同。还要注意的是,这惊人的面貌所特有的美是按照这个人的意志力量使他达到的阶段而改变其性质的。有一位我现在忘记了他的姓名的将军说过:"他有一张很大的脸:他的面色是石头样的苍白的;他那深陷的大眼睛显得很坚定,像水晶一样闪耀着。"他留着长长的、不扑粉的头发,浑身是血色不好的、干燥的皮肤,他是一个禁欲主义实行者,一个燃烧着热情的诗人,因极度关怀他已约略预见到的未来而痉挛着,并且在同命运进行着一场你死我活的角逐。在这场角逐里,双方孤注一掷,花了全部的时间,没有停顿或休息,所下的赌注是世界帝国——和毁灭。后来,下陷的面颊丰腴起来了,隆起的地方缓和下来了,这样他的面貌就趋向于延长他那巨大的几乎是秃顶的圆头的线条,从而形成一个整块。信心已经产生;也产生了确定无疑的控制能力,以及他将攫取这个世界帝国以防毁灭的信心。他那威严的容貌以及润泽的象牙般的肤色透露出沉着和精悍的神情,这些外貌没有再发生变化,因为这个人已经摄住了所有那些在早年有时不由自主地消耗在某种姿态上的或被生活道路上的意外事件所浪费掉的激情,用来为他服务。他那棱角分明的、好像是他两道眉毛曲线的延长的差不多笔直的鼻子,他那太阳穴和前额的庄严的型式,他那强有力的下巴,他那坚定的、弯曲的嘴,不再同他抬得高高和挺直的头的专横的姿势形成太尖锐的对比了;他那嵌在不动声色的面容里的蓝眼睛不能保持不转。"他那突出的头盖骨,他那堂皇的前额,他那苍白的长面孔,他那习惯性的沉思的表情——这些都是可以描绘出来的;但是谁也无法描绘他顾盼时眼神的变化。因为他的顾盼受他意志的支配,像闪电一样迅速地从他敏锐的富有洞察力的眼睛里投射出来,时而温和,时而严厉,时而可怕,时而表示抚爱——这一切都只是在分秒之间的事。"[1] 我可以相信这一点。从此以后,只有他达到这种程度:他所能够使用的头脑确实掌握着种种武器,不再专心致志地同耗费他精神和心血的所有人的讽刺、侮辱或误解做斗争。他的灵魂变得异常宁静。他发布命令。不管他是不是贵族出身,他是人民和军队的领袖;他是在支持一切人又反对一切人的情况下出来完成他刚一露面就为各方面所承认和期望他完成的那项无与伦比的任务的人。

---

[1] 布廉纳语。

三

无论如何,他个人显贵的问题并不怎样使他发生兴趣。他不是由于逢场作戏、兴之所至或有所畏惧才跟上时代步伐的。他可能会从他那咬得紧紧的牙齿缝里低声说出一些粗鲁的形容语,来反对 8 月 10 日在红帽子路易·卡贝①之前所展开的暴民——因为他在远处目击这一情景——但这不是因为他对"老秩序党"或它的代表人物没有什么好感。这是因为他的贵族气质,厌恶一群听凭最糟糕的本能支配的暴民的暴乱景象。他为之牺牲了地位、安逸和家庭财产的大革命,在他的头脑里早就有了重新的安排和组织。孟德斯鸠和卢梭的信条冲破那个时期一切信条所共有的理想主义措辞的迷雾,在他头脑里打开了十年以后通往执政官时期不朽伟绩的某些开阔、笔直的大道。从此以后,他断然弃绝他本阶级的特权,经常惯于提出人人都有同等机会取得的征服权利以反对按出身规定的占有权利。不管形势如何,他的这个信念始终不变。他常常鄙视世袭的贵族,认为这种人充

---

① 卡贝是早期法国国王的朝代名。路易十六在君主政体被废以后,曾正式用"路易·卡贝"的名义。——英译者

其量只配挤在他前厅里仰承鼻息。当世袭贵族的代表人物回到法国时,他并不把产业发还给他们,在欢迎他们时,他唯一的想法是在过去和将来之间建立一条永久的连锁——这是表明这位艺术家富于想象力的证据,因为对他来说时间和空间经常是完全包含在他正在进行工作的那个时机和那个地点的。他的岳父奥地利皇帝曾在意大利做过调查,想发现波拿巴家族的来历,当这位皇帝希望授予他以贵族的头衔时,他笑着对梅特涅说道:"你认为我会拿这种愚蠢的事情来麻烦自己吗?我的贵族身份是从蒙蒂诺特①开始的。把那些证书拿走吧。"

在那句话里,包含着他所创造的,或者更确切些说是它本身创造的有关贵族的整个概念。"在平等和专制之间有着秘密的联系……在他登上王位以后,他让人民坐在他的身旁;一个人民的国王,他在接待客人的前厅里使一些国王和贵族受到屈辱;他用提高而不是降低普通士兵身份的办法来使他们处于平等地位。"②法国人是平等主义者,因为他们每一个人都有当国王——或者取得诸如此类身份——的模糊希望,从而拒绝让他的邻居占据优势。所有的人从诞生之日起都有平等的权利。他

---

① 他的初次胜利。
② 夏托布里昂语。

们有武器，让他们使用它们吧。我要用称号、品级或奖章来推崇那些最懂得如何使用武器的个人贵族。一个美好的想法，但是太简单了，因此，正像所有那些为了求得实现必须事实上与社会体系相结合的想法一样，注定要在这个人失败的时候同时失其作用，虽然他非常坚强，只要他还没有退出舞台，就足以充分发挥那种想法，不但能抵抗外界的虚荣与阴谋的侵袭，而且能抵制廉价地取悦于人这种必要性的压力。这一定是世界上各民族——罗马人、法兰克人、条顿人、诺曼人、阿拉伯人、日本人——一切封建主义的起源。但是这仅仅适合于几乎连绵不断的战争状态和需要永久维持的军事贵族体制。军事贵族阶级要保持它的权利，不得不对它自己的指挥权力进行不断的、无情的监督。虽然它的起源是合于逻辑的——太合于逻辑了——这都是拿破仑最严重的政治错误之一。无疑地，欧洲受骗的程度不像他自己那么厉害，它从来总是把他看作大革命的真正人物——因为谁能盼望一个波旁王族或哈布斯堡王族的君王具有足够的智慧，同时又具有足够的坦率，来认真地看待拿破仑的贵族呢？要是有人认真看待的话，那就是这些贵族自己，因为他们既天真又粗鲁，因为他们认为让他们所表彰的军人去表彰别的军人是非常合法的。

我认为，他在这里也避免了嘲笑，无论如何就他那些以其鲜血赢得了王冠的公爵和亲王来说是如此；至于他们其余的人，你可以回想起糖果公爵和柠檬亲王。但应当指出，他们所以免受嘲笑，只是因为他是拿破仑，并且作为拿破仑他并没有完全认识到，制度的不适当是由于新的世袭贵族与他希望他们体现的原则本身之间存在着矛盾。这里，也像在其他地方一样，在他巨大的冒险事业中，他引起了所有那些本来会使他受到挫折的意外事件——道德的、心理的和社会的——并谱写了在具体表现方式上颇多缺陷但保持其本身价值的乐章。"不管怎么说，我的一生是多么离奇啊！"这是确实的。开头是一个科西嘉的小山民，有一天从一只渔船登上大陆，在年龄上比小孩大不了多少，无名无姓，没有钱，也没有行李；二十年以后就有了七八个国王或王后作为兄弟或义女义子，他可以任意挑选地球上最古老的王位或由自己的法令新建的王位施舍出去，就像有谁把小帐给了他的老马夫、旅店老板或警察一样；从最高宗教的最高教皇手里拿过查理大帝的王冠，把它戴在自己的头上；顺便攫取了欧洲最古老的帝国的公主，把她扔在自己的床上；而且，干所有这些事情的方式使后世认为那是顺理成章的，要是没有发生过这些事情，就不知什么叫历史！确实非常离奇！要是由此而出现神话，错误也是可以原谅的。每一个神话的起源就存在着大量的错误。但这里有着比真理强烈得多的东西。说得确切些,这就是神话。

"历次革命战争使整个法兰西民族臻于高贵。"这就是可以用来辩解一切和说明一切的中心思想。显然,他对于他正在建立的贵族制的前途,最初是抱有真诚的幻想的。他认为承担战场上可怕的责任时所做的牺牲和所冒的危险带来的这种贵族地位,会把所有那些他用分封爵位和称号的办法予以褒奖的人继续保持在他们曾经知道如何去达到的同样水平上。他认为他们会像他自己一样振奋起来。他认为,哪怕是戴得很牢的王冠也可能不会使他们感到满足,因为他自己的前额就突破了最高王冠的顶部,并在此范围以外(他不知道在哪里)去寻找他还没有能够拿到的一顶不可思议的王冠;其所以不能拿到,是因为——无疑地他是不知道这个道理的——贵族精神是不可能攀登到它自己的高度的。后来,越到后来,他产生了怀疑,那时他看到最古老的君主政体的代表跟在他后面争先恐后地想求他说一句话或博得他一粲,奴颜婢膝地想说动他在他们原有的产业以外再多给一块土地、一片森林、一个村庄,请求他不仅做出威严的范例,而且给予举止行动方面的指导,使他们在行动上像他的奴仆一样,甚至在神态上也是如此。主要是,那时他已被一群桀骜不驯的人带回到他那百孔千疮的法国,他是孤独的,被荣誉和逆运压得喘不过气来,饱经风雨，沾满了带有血渍的污泥，但是始终总是受到他那不可救药的幻想的支持，即使只有几个可怜的人仍然狂热地拥戴他那孤单的力量——这时他看到他的公爵和亲王一个一个抛弃了他：于是在闪电般的一眨眼工夫，他有时间看到，有时间忘却，并抓住残剑做最后的努力："处于我这样的地位，我只能在我所忽视的暴民中发现贵族，也只能在我所创造的贵族中发现暴民。"

四

既然有了那种哲学观念的倾向和他采取行动的方式，他的宗教就具有它势必会有的那种样子了。其中有一些可以说是内在的、机械的意大利式的迷信，是拉丁种族共同的遗风，它需要用信条来说明那些以其相互作用保证世界的方向和连续性的未知力量。其中也有无神论，这种无神论在他面对着信教者的时候既是确定了的又是模糊的；也有自然神论，这种自然神论在他面对着无神论者的时候既是不确定的又是绝对的。在他思想的更深处存在着一切伟大的艺术家所共有的神秘主义——也就是说，那种也许是混乱的但富有生气的、有时是令人如醉如痴的感觉，觉得他是在用种种方法和为了他不想给自己说明的目的，不断地同那弥漫于人世间的神灵相沟通。正如我们已经知道的那样，他并不相信灵魂的不朽，但他相信可以依靠自己的努力去获得他自己的不朽。在宗教实践的领域中，他作为人民的领袖，做了他认为为了维持精神上的平静而必须表现出来的几种绝无仅有的表面姿态。他让所有的人信教自由，唯一的条件是别人不得侵犯他的领域，正如他不侵犯他们的领域一样。比如，有一次他接到了一份旨在讨他欢心的报告，谈起要把他的一个伦巴第的祖先博纳旺屠勒·波拿巴列为圣者的问题，他在这个文件的边上批道："请别对我开这种玩笑吧。"

我认为这确实可以说明一切问题。任何形式的信教誓约他都不在眼下。这是他可以任意利用或忽略的事情。它和他的世界哲学不是一码事，纵然仅从它的历史作用来说，它曾帮助世界哲学的形成，但他在自己的前进道路上把它扔在背后，就像谁扔掉一块知其名称和化学成分的小卵石一样。它在他的心理结构中并不起有机的作用。他几乎从来没有谈到它，因为他既然一劳永逸地把它踢到路边，就几乎没有再想起它来。如果有人硬要他谈这个问题，下面便是他的答复——这个答复使人感到遗憾，因为他倾向于居维叶而不是拉马克，并且拒绝接受或阅读《动物哲学》。"我们都不过是物质……人是由大气的某种温度创造的……植物是链条中的第一个环节,人是最后一个环节。"据我看来,这话说得不坏:这甚至是很大胆的,特别是最后一句话,因为在其他句子中你可以发现狄德罗和毕丰学说的实质。歌德没有讲起他是否和拿破仑谈过这些事情。但是他们一定是互相理解的。

不管怎么说,情况就是这样。有世俗的领域,这就是拿破仑在其中工作的领域——这是我们决不应该忘记的事实。在这方面,宗教是他的体系的一部分。在法国,与教会订立的协议由于它所布置的一般的和积极的行动,是他的体系所使用的手段。当他在全欧洲不仅要传播种种原则,而且首先要使自由与平等通过法律得到实现时,让信教誓约互相攻讦,或促使无神论反对所有那些信教誓约——这确实是生死攸关的重要问题。信仰的自由与平等是写在《人权宣言》中的。对于那些被大革命或旧欧洲所压迫的信条,他都愿意给予自由与平等。他恢复了亨利四世的政策。亨利四世是唯一不愧称为自由人的君王:他作为一个不信教者,同时作为人民的领袖,知道他的任务是保证人民中间所有的信教者都享有信仰那种以他们所喜欢的形式选中的宗教的权利。但请注意这一点:他严格地限制他们领域的界限。信教是自由的，如果它只限于本身的领域，而不以任何借口进入世俗的领域。罗马教皇应当了解其中的一些道理。大家知道，有一天拿破仑与他觌面相见时，采取了一种专横的态度。他非常恼火，因为他受到一种即使是最顽强的敌军都没有对他表现过的抗拒，当然就不会殷勤接待。他的脾气、思想和行动使他成为与基督教分庭抗礼的人物，于是他想把罗马教皇当官吏使用。这是拉丁人的概念，不是犹太人或希腊人的概念；是天主教的概念，而不是基督教的概念，并直接来源于他据以使他正在组织的社会具体化的庞大美学体系。他是在指挥一个庞大的管弦乐队，罗马教皇在这个乐队里不过是在奏一件乐器。罗马教皇想要奏的不合拍。他没有把教皇逐出乐队，而是把他的弓弦折断了。

对他来说，天主教之所以重要，只是因为它是对他表示拥戴的大多数人民的宗教。除此以外，他对待天主教就像他对待新教、犹太教或伊斯兰教一样——善意相待，如此而已。他说道："征服者应该了解一切宗教的组织情况，用所有它们的语言来谈话。他们应该能够在埃及成为伊斯兰教徒，在法国成为天主教徒。我说这些话的意思是——当保护人。"这是一个领袖的名言，他除了使宗教互相反对以外，还怀有其他的目的，因为他认为这种斗争能产生效果的时代已经过去。这是一个行动艺术家的名言，这对于他同时代的人以及其他许多人来说不是容易理解的。因为在这个时代，不管是谁，只要不是伏尔泰式的反基督教徒或卢梭式的自然神论者，都被看作是"狂信者"。他手下的中尉嘲笑他在开罗的态度，这种嘲笑一定是老兵的嘲笑，因为如果他不在那里的话，那些老兵本来是会根据在开罗信仰上帝同在巴黎信仰上帝一样愚蠢这一理由，跑进清真寺去捞一些战利品的。他们不了解，他像所有那些深思熟虑的人一样，已经深切体会到人类伟大宗教的狂热性质——如果一个人要大展宏图的话，我认为这一点是很重要的。

是不是到此就说明了一切呢？不。在这方面，天底下还有一件事情是他无法征服的。也许这是因为他把这件事情搁在心里，虽然他把它用在其他的目的上，并且无情地追求过。这件事情是没有人能够征服的，因为谁也对它不理解。因为完全可以肯定的是（在一切宗教的最高精神中同在某些孤立于人类之间的思想高超的人一样），如果人类的智慧能够理解它的话，上帝的心脏就会停止跳动。他对罗马教皇无能为力，并且他知道这一点。"牧师们留下灵魂，把尸体扔给我。"是的。从那为了同意皈依并容许本身接受审查而想要皈依的这种愿望产生的一切想法都是行不通的。毫无疑问，这里就存在着使他的绝望继续保存下去的最后的和最苦的养料。

第六章

他和人们的关系

一

　　那些板着面孔借道德的名义对拿破仑进行指责的历史学家,就好像刚刚从神学院出来的一位面红体胖并且保有童贞的牧师,在父道和爱情问题上训斥一位已经上了年纪并且伤透了脑筋的伟大美术家一样。而毕竟那就是所谓道德吧。

　　的确,"统治阶级"无论过去还是今后,永远是宁肯要路易-菲利普而不要普罗米修斯的:这一点是不言而喻的。让我们假定拿破仑像人们所期望的那样,在马仑戈一役之后断然结束了战争——他本人在一个时期也确实希望这样做——并且把执政的职务继续担任到他终身为止,执行法律,开港口,凿运河,造船只,修道路,直到他在六十六岁那年,在执政内阁处理国务时因中风而逝世。显而易见,这样一来他就会在所有那些不负责的受托管理人类幸福的人们的记忆里留下一个无懈可击的印象。可是,在对人类的伟大负有责任的那少数人的想象中,他就不会燃点起煦育着他们的火来了。选举集会和授奖会上的发言,学院的演说,互助会的报告,是可以使用大量流利而华美的词句的,确实如此。然而我们会不会有陀斯妥也夫斯基呢?

道德之于信仰,犹如书法之于文体。什么时候人们才会认识到这一点呢?永远不会。

要想把拿破仑描写得恰如其分,那就需要有《科里欧累努斯》的作者那样的大手笔。实际上这项任务却落到马赛的一个小小的律师身上:此人凶残而又暴躁,狡猾而又卑鄙,是一个戴着荷花王冠的皇帝,一个穿着便鞋的谋略家,他想抬高自己,就千方百计地用自己的尺度来压低英雄。所有与他同时代的人以及所有在他之后的人,甚至最伟大的人物,都是以他们自己的观点来对他加以判断的——这就是说,从受惠于革命的组织者的布尔乔亚的观点来对他加以判断的。这个革命曾在整整一个世纪里把他们的特权给了他们——或者以牧师身份对他进行判断,这些牧师确实具有高度的原则性,但是比密尔顿还要盲目。他们所有的人都是这样。朗弗里和诺文,巴比埃和沃尔特·司各特、卡莱尔、夏托布里昂和爱默生他们自己,还有雨果——帕特马的奥梅①——以上是最著名的一些人物。毫无疑问,所有的人,只有斯丹塔尔和歌德是例外。泰纳用一章的文字塑

---

① 奥梅是《包法利夫人》书中的人物。——英译者

造他的高大形象，却在另一章里又把它毁掉。基内几乎不理解他。托尔斯泰断然是什么都不理解。可是……可是所有他们这些人还是像飞蛾扑向烛火那样地飞向他。诗人，甚至当他们说教时，甚至当他们宣讲仁义道德时，不管他们是恨他还是爱他，都承认他是他们的家庭中的一员。为什么贝多芬不把他的交响乐献给马尔索或是献给奥什呢？"像我这样的一个人，不是上帝就是恶魔。"确是如此。然而在把他看成是上帝或恶魔的人们当中，为什么只有极少的人才能看出恶魔只不过是上帝的另一副容貌呢？

不知道是为了诅咒他还是为了原谅他，他们中间观察力最锐敏的人把他看成是一个没有道德观念的人。但连他们也错了。而且我不清楚这是不是一件可惜的事，因为，如果这样看，拿破仑——那个"不可理解的人物"[①]——就可以更易于理解，并且也更加纯洁了。然而不是这样。他并不是没有道德观念的。他甚至不是不道德的。我指的是在他的私生活方面。像我自己或是你自己那样，也像赞扬或者指责他的那些人那样，他是相信正直的。他甚至比一般人还要正直。他的正直是一种正常的正直，这种正直对于大多数著名人物来说，已经成

---

① 夏托布里昂语。

了一种习惯；如果他们使用并非坦率的方法或者玩弄一些不光彩的小计谋，这只是因为别的人阻挡了他们的进路。但是在他的公共生活中就完全是另外一回事了。由于他对人们是理解的，所以他几乎不相信（真糟糕！）他们是纯洁的；他自己的不纯洁的根源也就在于此。他利用道德，却对它不抱幻想。只要一个人同行动有直接接触的话，这就成为一个不可救药的弱点：一个会在暗中损害他自己的行动的弱点。社会道德，和宗教一样，干脆就是他所需要和他所使用的工具，就和他使用其他工具一样；他用这工具来维持他所统治的各民族之间的平衡，并且借助这一工具，加强他们的进攻能力和生产能力。正如一位美术家需要好的画布，好的画笔和颜色，他也需要可以保证他们的工作的物质方面的效率的、某种朴素而切实的东西。在那一方面，他颠倒了人们通常承认的价值：因为，对他来说，秩序和社会安宁成了手段。而不是目的。是一个怪物吗？就算是这样吧。然而是一个立刻就看到事实的本来面目的怪物。这些东西对他来说可能只不过是工具，然而它们是这样一种性质的工具，他用这些工具可以从废墟中建造出能够甚至暂时容纳所希望的秩序的、唯一可能的建筑物。

诚然，他并不曾用先验的形而上学拖累自己。他并没有问他自己道德本身是什么：它是可以结出大批果实的，还是使思想涸竭的；是合法的，还是没有根据的。他进行统治。他追捕流氓、小偷和犯罪分子。在他执掌政权之后的几个星期里，过去到处存在的那种普遍无政府状态就通过虽然有时是粗暴的，然而却是合法的手段消除了。只搞了少数的一些例子，然而他们却是精心挑选的："严厉的措施防止的过错，较之它实际上所制止的过错要多。"在夜里，街道和道路又变得安全了。官吏突然正直起来了；法官公正；税收官员变得廉洁了。城市又得到了和平，农村又得到了安全。到处又都开始工作。两三年的时间已足够起草和公布各项法规。他曾和法学家们逐条地讨论过这些法规，他使他们感到惊奇并且常常是根据他们自己的理由把他们驳倒。他清扫了社会的共同住所（在过去十年间，在这里堆积着这样多的道德观念的残余，以致任何人在这里面也找不到他的道路），为此他带来了东方的智慧和罗马的实证精神，而它们在过去四五千年中间曾为所有的国家提供了他们的精神结构。他说："公共道德是建立在正义上。正义决不排除实力，相反地，干脆说来它就是实力的结果。"事实上，强者保护弱者并且允许强者坚持自己的权利。除去罗马的和平之外，没有其他的和平。罗马的和平是靠显示行使中的力量以反对暴力来实现的，是靠显示一种后备力量以反对欺诈来维持的。它逐步加以推广，就像谷物征服未开垦的土地，随着田畦里的犁头一码一码地向前推进一样。但是只有在这样一个条件下才行，这就是，犁把要由强有力的人掌握着。

二

我并不认为他的政治命运的原罪在最后审判的日子里能够算到他的账上。民主制度有它的信条。在最重要的信条中间有一条是它对法律的尊重，甚至如果法律是陈旧的，甚至如果它十分明显地已不再能应付最迫切的需要，甚至如果先前的暴行——诸如雾月事件那样的情况——已经修改了法律使之适合于它的赞颂者们的利益。然而对强有力的人来说，却是要看到时机业已到来，是要制订另一些法律以对抗成文法，而这另一些法律是深奥的、隐蔽的、有系统的并且是比成文法优越的。当精神同文字较量而文字取得胜利时，我并不认为在类似的情况下俗人社会较之宗教社会可以得到更多的东西。指责一项激烈的政治措施，永远是并且在每一种情况下都是指责反对现存思想和已被接受的程式的每一项重大的运动，不管它发生在什么时候。这是在指责美术家、科学家或发明家,因为他们为了在艺术、科学或工业中使共同利益和创造性的智力之间产生新的和谐,毫不迟疑地起来反对消极的智力和个人利益的联合力量。这是在指责一名水手,他在船扯着过多的帆面行将沉没时,用一把斧头砍断了桅杆。然而下述的情况也许是自然的:人们宣传这一信条是为了保存这样一个社会结构,使得第一个到来的人不会为了他自己的个人利益而感到自己在任何时候都有权把它打碎。"如果一个人竟想象天才会允许自己在形式规格下被压碎,那末他就无法想象天才的行进。形式规格是为庸人制定的,因此说庸人只能在规章的圈子里转来转去,就是有相当根据的了。"当敢于打破这个圈子的是一个具有伟大的头脑或伟大的意志力的人时,则生活在心灵或意志力中间的那些人就会毫无困难地承认这一事实并宽恕这个大胆的行为。[15]

在许多德行中间,有一项德行对于这个人的伟大是有重大关系的,这就是他的性格。战场上的短时间的勇气,在所有的德行中并不是最难做到的。这样多的眼睛望着你,而且死亡只要你等待极短的时间!活下去的勇气是更高级的。在道路的每一转折处,生活都设下了它的陷阱。生活在等待着并且有无限的时间由它支配。它肯定要在你面前突然展现出你所意料不到的变化。它知道当你面前需要经常不断的努力以便行动和思想,并且每当你对它取得一次胜利并且希望停一下时,在你身上保持生命处于上升的和战斗的状态的时候,你是困乏欲睡的。死亡之兵在你面前大批地列队,他们都武装起来反对你孤零零的一个人,而这一点你是知道的。决定是迅速的,而且如果他们没有打中你,则就可以给你一个长期而又尊荣的安乐生活。还有,你几乎是无意识的,你处于一种陶醉的状态,你向前走……但是生命之兵是看不见的和无数的:他们是一切活着的人们的激情、怨恨和复杂的利益,是反对那企图超出一般水平的任何人的密谋;他们是你自己的激情,你自己的怨恨,你自己的利益,这种利益迫使你不超出,或者只使你踮起脚尖来或在你头上加上一顶草板纸的王冠而只做出好像要超出的样子。……我怀疑拿破仑是否曾表现过奈伊或缪拉或拉萨尔那样的勇气,除了在那有决定意义的十分钟,因为在这段时间里,表现勇气对他是极为需要的。然而奈伊、缪拉和拉萨尔却在拿破仑面前战栗了。

他写信给卡罗琳娜说:"你的丈夫在战场上是一个勇敢的人。但是他没有道德的勇气。"然而在拿破仑一生的每一行动和每一件事情上所闪耀出来的,却正是道德的勇气。他的全部生存都用于对世界的一次攻击:是他自己一个人用他的心灵和他的精神所进行的一次攻击。雾月事件肯定不是这一攻击的第一次表现,因为在这雾月事件之前，还有意大利和埃及的事件；而最高统帅权不是在军事的勇气方面，而是在道德的勇气方面……在他的历史上，有一个残暴的行动。然而那一行动却表示一种勇气，而要表现这种勇气较之在他自己面临死亡危险时所需要的那种勇气，却是无比地困难：它是一种"精神的勇气"，是善于做出英勇决定的能力，而这决定，不管还可能是别的什么东西，是令人心碎的。而且，这不是一个错误，并且在我看来，这事实也就开脱了他的责任。在雅法，他不得不在二者之间进行选择：或者是屠杀他的阿拉伯战俘，或者是他赦免了这些战俘，但结果战俘和他的军队一同饿死。他考虑了这件事，然后就杀死了他们……用那样一个理由去抹杀一位大人物是容易的。任何行为，如果在良心应当起一份作用的情况下，首先就唤起进行谴责的普遍道德意识，这种行为就被称为骄傲的愚蠢行为、麻木不仁、冲动的行为、罪行。然而一位大人物的良心，较之一般人所认为的，是一个远为可怕的事物。要知道普遍的道德见解是在一位大人物的考虑之内的。他可以不要道德，但是决不放弃良心。道德列出一些规则来，但良心却不要任何规则。假若良心有什么规则，良心也不就成其为良心了。为道德所认可的某件事情，却会刺伤某些人的良心。为道德所谴责的另一件事情，对另一些人来说，却没有任何可以非难的方面。在一位伟大人物被要求在众目睽睽之下所做的那些戏剧性的决定中,公共道德和他自己的良心永远是相互冲突的。从此道德家们就可以出来表演了。于是对于激使他进行活动的各种动机的解释,就成了软弱的人们争论不休的对象。"权力、冷静、勇气和决心只会增加他的敌人的数目。他的心灵的伟大则被称为骄傲。"①

虽然如此,在1814年和从厄尔巴岛返回之前,可与这些事件相提并论的雾月事件,毫无疑问是道德勇气的最高标志,而此人之所以被赋予这种勇气,正好说明自从凯撒渡过鲁比肯河那个古典时代以来一位建立过功业的英雄的特点。请记住,拿破仑有法律本身、成文法反对他,这法律是有《圣经》以来被发现的最可怕的标志,并且是一场革命通过全体最宽厚的人们的一致同意所批准的。这场革命是他所喜爱的、同意的,又是他希望从其自身而加以挽救的。请记住,在他面前有一道唯心主义的壁垒,这道壁垒是孟德斯鸠、卢梭、伏尔泰和康德在过去一百年间,在两个社会之间修建起来的。这两个社会一个是他、像上面提到的那些人一样,希望消灭的神权社会;一个是他、也像上面提到的那些人一样,

---

① 《埃利松和欧仁妮》。

希望开创的市民社会。[16]请记住，如果他失败了，这就意味着比可能发生的死亡还要严重的事情，这就意味着肯定无疑的耻辱。特别是请记住，在他身上有一股无与伦比的力量；他当时三十岁，已经是世界上最显赫的人了。在他面前还有着整整一段生活，使他可以沿着到当时为止他一直遵循着的路线来表现他的这一权力；他看到，他的权力超过了人们所曾知道的以及他自己所曾猜测到的一切；他是用一张牌来进行赌博的，赢了就可以把他的权力无限扩大，输了在一瞬间权力就永久消灭。请记住，他是有胆量的。考虑了这些情况之后，再对他做出判断吧。

有一次，他说："内战，而且只有内战，才能产生勇敢的人。"在那个可怕的下午，他对这一点是认识得非常清楚的：当时他这个手无寸铁的军人站在那里，面对着用匕首对他进行威胁的五百人。当他站在那里，把他的指甲抠入他的流着血的面孔时，他几乎要退让了。在那些以法律——他们就有这么一点东西——的名义挥动胳膊大喊大叫的一大群议员中间，代表精神的是他，而其他人却是代表物质的。人们厌恶他的贵族气派。雅各宾党人喊出的那个可怕的 Hors la Loi！（这句话是等于说："把他钉在十字架上！"）使他陷入一种精神恍惚的状态，这表明他的决心乃是多次内心斗争和胜利的成果。要衡量他的这一行动的伟大，决不能按照它的性质，也不能按照它的后果。应当按照激发这一行动的深刻动机，按照它的意义、它的范围，按照认识这些事物的那个人的极为锐敏的洞察能力，来加以衡量。一个奥日罗的政变没有一个波拿巴的政变那样的性质。在前一政变中，是一个讨厌"法律家们"的老军人，认为他可以大大地作弄他们一下。然而后一个政变却涉及一位深思的人物，他知道，有赖于他一个人做或者不做的一个决定性的行动，可以把他想象中的史诗粉碎在胚胎状态中，也可以使它产生出来，长着翅膀并准备使未来屈从于他的意旨。

他的力量是靠它本身培养起来的：他可以负伤，可以暂时被动摇，但是他是不会被摧毁的——甚至违反公共道德的最黑暗的罪恶也不能摧毁它。而这一点就说明为什么当他对之施加第三次打击的时候，他的努力并不曾淹没在唐日昂公爵的血泊里。相反地，看来这次谋杀损害了他在欧洲业已取得的巨大的道德声望，从而使他变成了一个同其他人们脱离的人物，变成了一个心怀恐惧、游荡在他那令人失望的光荣之中的可怕的隐士，这个隐士日益深入地进入一个想象的沙漠：这想象总是赶在他的行动的前面，而任何人，即使是他自己，在追赶这一想象时都不能不怀有一种使别人不敢接近却又使他感到陶醉的畏惧。这次谋杀是他的一大憾事。当他听到这个消息时，他面色苍白，把自己一个人关了起来：一连几个月他的心情都是忧郁的。在这以后，他变成一个同原来不一样的人了。后来他多次提到这件事情。在已经忘记这件事情的人们面前，他又第一个提到这件事情。他显然为此感到极大苦恼，他问他们对这件事心里怎样想。每次他提到这件事，他就把它说成是一场"大难"。在他一生当中，只有这件事他一想起来就痛苦不安，只有在这件事上，他想征求别人的意见。他始终是毫不迟疑地宣称他要对此事负责——虽然这一点还是有争辩余地的；虽然在事先他是受他**周围的人们**的影响的；而且，虽然在动手的瞬间，他几乎可以肯定是受了骗的，因为在他身边正在酝酿着一场从未被揭发出来的阴谋。他宣称他自己要负责，但是从他对这事的态度以及从他讲的话来看，人们感到在他内心深处正在进行着一场混乱的斗争；人们倾向于这样一种看法，即他的自尊心使得他既不能承认他的最大错误（在他承认其他许多错误时），又不能把参与这一阴谋的人揭露出来。

我老实地相信，他做这事的真正秘密的动机，乃是自从爆炸的凶器和加图达尔事件以来，他就害怕暗杀者，并且为了用一个恐怖行动来制止他们动手，他就听从了他身边一些坏人的建议。这些坏人就是塔列兰、富歇和所有那些在桌面上向全世界宣扬他的光荣，却又在桌子下面抢夺由全部光荣所产生的垃圾和骨头的人们：要知道，一个大人物的生活愈是光彩眩目，愈是广泛，他的痛苦也就愈深，也就有更多的从属的生命被引入他的航道。他在公开的场合责骂想陷害他的阴谋家。他高声地并激烈地指责他们妨碍他完成自己的计划，指责他们不理解他的意图，特别是——哦，特别是！——指责他们不能领会他的伟大。横死乃是战争的一种正常的风险，他毫不畏缩地承受这种风险。但是在和平时期，他却把横死看成是一种无用的风险：这种风险丝毫无助于提高他的威信，相反地，却会降低他的威信并且会妨碍他所梦想的合理的与和谐的发展：这犹如钟表的机器里的一粒砂子，心脏里的一个血块。他害怕暗杀者：他不可抗拒地害怕在一个完全出其不意的瞬间，一个疯狂的面孔突然出现在他面前；害怕刺入他的腹部的利刃；害怕砍向他的头颅的斧头，害怕会炸掉他的胳臂或大腿的一次爆炸；害怕在一群卑鄙龌龊的小人中间被妇女的指甲和剪刀划破面孔或是切断他的重要器官从而慢慢地死去。从下面的事实就可以相当清楚地看到这一点，这就是当他将被流放时，他进行了可怜的伪装，这是为了混过在阿维尼翁——这个城市以使用钩刀和木棍进行屠杀而臭名昭著——附近等着他的鼓噪的群众。他不甘心落得这样一个不干净的下场：这样的下场他想起来全身的神经就要战抖，因此他力图避开这一点。于是他就使用了他的工具，即他的警察，这是现存的最卑鄙的工具，然而又是任何政权都不能弃而不用的工具。这个工具对他造成的伤害，较之对其他统治者们所造成的伤害要多得多，因为他非常高贵，但警察却十分卑鄙；于是，作为一个意大利人，他的反应是激烈的：因为他知道阴谋意味着什么，并且他不相信他身边的那些贪婪的狼狗是大公无私的，所以就把骨头抛给他们，以便使他们好好地保卫他；于是就压制报刊的言论；于是发生了这次非常不幸的谋杀，这次谋杀使他更加怀疑、更加警惕、更加严厉。原谅他吧。他流血了。让从来没流过血的人责备他使别人流血吧。

当人们记起清教的英国为了反对拿破仑而使用的武器，记起为了颠覆他在欧洲的政权而给予欧洲的大量金钱，记起它的地下阴谋，记起它在和平时期对那些不参加对法国的决斗的各小国所犯的暴行时，人们就准备对统治着各民族之间的关系的道德采取比较宽容的态度，只要它对他们来说成为一个不在封锁下灭亡或为武力灭亡的问题的话。[17]在波拿巴取得政权之前的几个月，奥地利不是曾杀害过共和国的全权大使们吗？战争是一种很不道德的事情，而在这样一项重大的真理面前，让我们一致问一下我们自己,是否应当对人类、而不是对上帝进行指责。只要一发生战争,各种力量的一股旋风就被卷入它所激起的狂风暴雨之中,英雄主义和邪恶的行为都被胡乱地卷了进去,很难把它们区分开来。巴雍事件不是愉快的,它也许是拿破仑一生中最不愉快的事件。然而如果人们记起西班牙王室像被发觉做了错事的仆人那样在他面前暴露家丑时的愚蠢行为,记起父亲的淫乱和语无伦次的昏庸,记起作为母亲的权术中心的色情狂,记起儿子的凶残而又精神错乱的卑劣行为,记起他们为了使他们相互解脱出来而向每个人提出的大量恳求,人们就会看到,拿破仑的厌恶看来几乎不曾使他看不到闪现在他眼前的这一新的景象——这就是西班牙的征服,并借助于西班牙进而征服新世界。他终于被打败了,他正是由于在五年后把他引入深渊的这一景象而被打败的。在这件事上,有某种事物可以使一些人得到满足,这些人喜欢谈论历史的"天"意,但他们却从来不问一下他们自己,宗教法庭的结束和现代影响在西班牙和美洲的出现难道还不足以补偿他的罪行吗?啊,是呀!"这些可怜的西班牙人,尽管他们自己不愿意,但人们还是要使他们文明化……"这话之后,接着就是一个微笑。为了反对从外部威胁着致命的惰性作用的每一个强有力的运动,总是要提出这个理论来的。关于历史的秘密活动，人们几乎是一无所知，关于拿破仑也是这样，一向如此。"我承认，我是深深地被卷到整个那件事里面去了；它的不道德太明显了，而它的不公正也过于毫无顾忌了。整个事件仍然是邪恶的——因为我被打倒了。要知道，这一罪行只是令人憎恶地赤裸裸地表现出来，却被剥夺了包含在我的意图之中的全部伟大之处和许多利益。……"

三

在我看来，上面的话，加上他的另一句话，向我们揭示出、甚至为我们解释了行动的全部道德性。在圣海伦娜岛，当有人问起他从厄尔巴岛返回法国的事情时，他说："从戛纳到格雷诺布尔，我是一个冒险家。在后面这个城市里，我又变成一个君主了。"这是不是说，只有成功才使违反风俗以及同法律相抵触的一个冒险行动成为道德的？如果成功只是一个目的，那末回答就是否定的。如果成功带有动力的特点，征服的狂热，而这种狂热为它造成一个新的起点并使它包含着如此丰硕的成果，以致多年的平衡因此被动摇，并且为所有的人的勇气和精力打开了未知的道路,如果是这样的话,回答就是肯定的。每件事都依赖于事业的质量,归根到底,也就是依赖于人的质量。"我和其他的人不同,道德和传统习俗的律条不可能是为我制订的。"使生活活跃起来并且结束停滞状态的每一事业都是一件道德的事业,甚至如果它被那些习惯于使用最小限度气力的人们看成是一个罪行的话。对于习惯于尝试诸如此类的事业的人来说,一次挫折不再是对一个罪行的惩罚,像对于一般人那样,却毋宁说是处罚一个错误。那是一个巨大的自治机体的一个错误的步骤,这个巨大的自治机体为它自己创造了它自己的道德,因为它的生活精力如此旺盛,以致所有的人都走它的道路。他生来不是为了遵守法律,而是为了创造法律的。而且正是遵照他自己的法律,他才把它强加给那些没有能力发现和系统阐述他们自己的法律的所有那些人的。在这样一个人和一个普通犯罪分子之间不是有很大区别吗?我想我已经把我的论点说清楚了。他从自由的暴政下解脱了大量的人,而在某些情况下,是整代整代的人。

至于他之经常使用武力——有一条普遍的定律,它规定,在一个世纪或十个世纪或二十个世纪中间,迟早必须使用武力,以便把将使他们获得解救的周期性的变动加给人们。任何人都不可能有任何办法反对它:即使拿破仑也并不比其他任何人更有办法。原来他也要服从它，并且首先要服从它。

看来，正直的人一向并且是本能地喜爱武力的，而革命正是在社会秩序缺乏生动活泼的形式以及武力失去调节的地方发生的。直到1808年为止，伟大的欧洲人和微贱的普通民众总是热诚地欢迎拿破仑，甚至当他是在激烈的战争中来到他们中间的时候。而那是因为一支团结的有组织的力量带来了一个新的社会秩序。这就是思想正直的人们——道德领域的诗人们的奇异的本能！以色列的先知们早已经向亚述的萨尔贡呼吁了；于是就看到可能为世界的精神生活所需要的这一难以置信的奇谈怪论——人们看到一个小小王国的居民，他们也许是较弱和腐化的，但却多少是温和的，他们希望一个怪物会带着一支刽子手的队伍到他们中间来惩罚他们的软弱，并且用火使他们纯净起来。我十分清楚，对于要求从上天——或者从别的什么地方，这其实是完全相同的——降罚于他们的人民的那些人来说，除了能在思想领域中进行控制的人对于在行动领域中不能进行控制的人的憎恨之外，还有其他一些东西。在这里面有：一个没有赢得赞扬的人（而且，他是鄙视它的）对于一个用阴险手段赢得一切赞扬的人的嫉妒。还有这样一点：一个邻居的道德上的卑劣简直是太明显了，但离我们遥远的有权势的人看来却好像有高贵的性格，因为他的所作所为我们是看不到的。但是，说到最后，使思想正直的人有反感的，使艺术家疏远和激起人民的义愤的，是在一个行动的人的身上缺乏想象，缺乏伟大之处。从他具有这些品质的时候起，艺术家、思想正直的人和普通人民就承认他是他们的兄弟：贝多芬歌唱，歌德进行观察，夏托布里昂好奇却带着钦佩的神色——而世界改变了。我以为全部历史就是由于进行组织的特殊思想和不进行组织的一般行动之间的这种对立。

因此，我以为非常之人就是发号施令的人。这个人通过他的思想的力量或是他的行动的力量以确定社会所期待的价值，并且，应当注意到，他这样做时是通过在他自己身上把它们加以颠倒的办法的。因此，尼采所反对的那些价值，正是拿破仑发现已经分散并进而用他的法典的铁链固定在世界上的那些价值。但是他首先违犯了这个法典。而事情永远会是这样的。上帝就意味着群氓对法律的服从，而这法律却是由一个知道上帝意图的某个神气十足的罪犯用强力制定出来的。因此艺术家和思想正直的人，因此征服者和——说得明白些——生活所能涉及的每一方面的独裁者，都是人们所期待的各种文化形式的创造者，而一旦这些文化形式消失，道德和习俗就被召来巩固它们。

独裁者——拿破仑比其他任何人都更不是独裁者，因为他比其他任何人都伟大——既不是没有道德的，也不是不道德或有道德的。这些字眼是没有意义的。他是一个怪物。在大多数人身上被看作是邪恶的每一事物，在他身上却可能是有道德的事物，只要它能成为可以结出果实的积极手段的话。对这样一个人来说，权力、放纵、战争都和酒是一类的东西，尽管对其他许多人来说，它们可能是有毒的。他的骄傲乃是他的广大内心生活的一种精神错乱，他的专制是因为他感到他的胸中包含着正义，他的野心只是他的创造能力的标志。当他强奸法律时，那是因为他想使法律为他生一个孩子。被称为一个大人物的弱点的东西，往往不过是正在困难的基础上行使和发展起来的一种力量的养料。最主要的是增加它的原始价值，并且没有东西可以表明，这价值是可以在没有所谓过错——实际上就是经验——的情况下增长的，可是庸才们在逐日受到仔细检查的一生的最琐细的事件中所寻求的，却正是这些过错。道德是铁做的；但天才却是血和肉做的。对于一个大人物的过错的唯一惩罚，就是他的内在伟大的缩小。

第七章

他和妇女的关系

一

在一切人的前进道路上,生活的遭际所设置的任何诱惑,似乎都无法毁损拿破仑或抑低他的伟大。而一切诱惑中最危险的,也就是那种因其更多地出现在叱咤风云的人物前进道路上而使他们落入圈套的诱惑,对他来说完全是徒然的。诚然,它撕裂了他的皮肉,但它决不能够哪怕有一秒钟工夫吸引他的注目:因为他凝神注视的地方是太崇高了。叱咤风云的人物常常苦于妇女所施加的折磨,这有两个原因:因为他外在的权势吸引着她们,还因为他内在的精力纯粹由他强烈的性的本能所产生。有些人曾经企图证明拿破仑是无性的。但正如说他缺乏道义感一样,这是回避困难,不去考察他的精神世界的过分取巧的办法。可能他不甚喜爱妇女,但他喜爱爱情,而这是更加危险的。

他常常受到非难的对妇女的态度,实际上表示出一种残酷的腼腆,这种腼腆成为那些对爱情兴趣颇浓并了解其危害的人们的自卫手段。他说过"妇女是谈话的灵魂"这样有趣的话,这一事实暴露出他内心确实深深地感到他那唐突无礼的态度——有时几乎等于一种军人的粗暴——所经常力图甩开的那些人,应当在感情的抒发上起什么作用。这种不宁的心情夹杂着一种想要牢记并使妇女们牢记其重要职能的难以名状的愿望,以便向他自己和妇女们证明,他没有什么东西需要从她们那里求得,她们对他也是如此。他向德·斯塔尔夫人讲的一番话至今没有为人所理解。这个自命不凡的而且容貌丑陋的、心理上泼辣的妇女,以其殷勤和颂扬使他望而生厌,如果拿出更大的精力、拿出对女性和对两个交谈者各自地位的更正确的态度来,本可不使她在女性中的地位上受到挫折的。[18]在两性的交锋中,这个具体的武器是最不够文雅的,但它无疑是最忠实、最有效的武器。

因此,他喜爱爱情,但正如他的无数际会似乎可以证明的那样,他很快就做出一切必要的努力把爱情放到它应有的位置上去,使其适应他自己的计划:但只是在他深受其苦之后,如果他不曾用他的自豪感提醒他激发的一种更加猛烈的热情去冲破爱情,他本来可能会屈服的。从他开始攀登鸿运云梯的时候起,他绝不允许可怕的爱神侵害他的中心思想。这种思想是确立在他的胸怀中而不是在头脑中,而且它引导他不断增长其崇高伟大。德·沃德夫人、拉科斯特小姐、加扎尼夫人、埃莱奥诺·拉韦尔、德·巴拉尔夫人、马蒂夫人、吉博小姐——其中谁也没有获得殊遇——不算皇家的施舍——除了通过秘密的楼梯夜里走进他的房间,以便使约瑟芬(顺便提一下,她已经失宠)不致难过,以便让统治者的尊严仍旧保持在他正在扮演的那个角色的高水平上。情况就是这样,虽然他同富雷夫人在开罗的艳事带有短时期放荡不羁的性质,结果有人张贴揭帖,闹得满城风雨,做丈夫的因此乘船返回法国——一件不端的行为,但为了爱,谁又不曾有过不端的行为呢?情况就是这样,虽然他所热爱的瓦列夫斯卡夫人获得了(应当指出,并未丝毫接近政治领域)在舞会、聚餐会或庆祝宴会上一再聚晤的特权,在那些场合,两人都能享受那种甚至在尽人皆知其底蕴的情况下、或特别由于这一点而保存其浓郁情味的暗中灵犀互通的乐趣;而如果瓦列夫斯卡夫人天生的雍贵、态度的谦恭以及对这位英雄的忠诚竟容许她心灵深处稍萌疑窦,她无疑地会成为使他感到极端痛苦的一个原因。情况就是这样,虽然在他同歌手格腊西尼和悲剧女演员乔治的风流韵事中,正是以他所中意的角色来衡量的——因为他非常喜爱深沉的嗓子以及激励人心和使人胸襟高尚的壮烈的戏剧——似乎他身上那富于想象力的、具有浪漫气息的幻想家的成分,正在压倒有如用一只强劲的手腕驾驭着五匹烈马那样一贯控制着五官的殚思竭虑之士的成分。就他自己来说,他决不会容许那些常使独裁君主甘于堕落的阴谋的任何表现。他曾经喜欢一个女人,但当他查明这个女人是塔列兰安排到他跟前,以便他(塔列兰)同这样一位人物接触之后可以充当黎塞留的典礼官那样的角色时,他立刻就把她撵走了。他不是在充满着缠绵热情的危险小道上踯躅,而是行踪飘忽。"战争像恋爱一样,在那里面你必须当心地注视着自己,如果你要使问题得到解决的话。"差不多所有他的风流韵事中的未来的性质,似乎都会表明他是出于自己的自由意志而防止为人所爱——这也许比防止自己堕入情网要罕见得多——而这一点不妨看作是他在克制自己方面最难取得的胜利,因为他感到自己被人恋爱的时刻,也就无疑是一个伟大人物能够摆脱其对自身的孤独所抱有的幻想的唯一时刻。

二

在他同约瑟芬结婚以后,如果没有人指责他顺应兴趣的需要而不是顺应爱情的需要,那倒是会令人诧异的。然而,她是他唯一热爱的女人,在她面前他从来不知道该怎样进行自卫,而且她让他有机会获得的那第一个残酷的经验，就是教他懂得要沉默地忍受而不是放弃任何一点意志或决心，从而使他永远免于沉沦。从他很年轻的时候起，由于他那火热的心、沉默寡言下隐藏着的自负、以前所受的侮辱、对书籍的兴之所至的涉猎——也许已经读过卢梭、奥西昂、《保罗与维尔吉尼》、《维特》——他似乎注定要成为那个在其嫣然含笑中对他既不表示讥讽又不表示轻蔑的初次邂逅的女人的俘虏。作为驻扎在南方的一个相当年轻的军官，他有过几次心心相印的蓦然相遇——特别是同德萨里·克拉里和德·科隆比埃小姐，前者是瑞典未来的王后，而值得指出的是后者比他自己的年岁要大得多。事实上，他后来在巴黎十分天真地、非常热烈地爱上了某一位德·佩尔芒夫人，他想同她结婚，虽然她已经有了几个孩子，年纪也比他大得多。对于那些具有强烈想象力的年轻人来说，已经成熟的女子代表着爱情方面最深邃、最热烈、最完备的奥秘。机敏之士的一个标志，是不去预料紧跟着热情而来的白发、皱纹和松弛的肌肉。他在1796年娶的那个女子比他大五岁；她有一女一子，很穷，根本没有钱财。

正是这一行为曾经受到责难。但是，有些人一向对爱情不感兴趣，喜欢有条不紊的、聪明的和诚实的生活，其中没有一种行为离开正确的准则，在这些人看来，上述的行为表现出一种难以置信的坦率。像佩尔芒夫人一样，约瑟芬负有债务，没有其他任何东西可以算作她的财产。巴拉和其他一些人急于摆脱一位拖带着两个正在成长起来的孩子的、使人感到为难的、会花钱的前任太太，而另一方面，给拿破仑设下埋伏却格外来得容易，她还非常乐意地帮着做好准备：因为对博阿尔纳的孀妇来说，后方军司令是合适得多的配偶，她作为博阿尔纳的孀妇在经济上、道德上和政治上已经破产，当然不如嫁给这位自从他拯救了国民议会以来鸿运显然不断上升的将军。他盲目地落进了圈套，因为他是个厚道的年轻人，还不很通达世故。他希望他的妻子与自己相称，那样的妻子应该是迷人的，她衣着极端入时，富有挑逗性，甚至脾气有点倔强，还有她那秀丽而似嗔非嗔的容貌、妩媚动人的举动、饶舌和稍微有点腻声的嗓音都预示他将享受到前所未知的乐趣。他是否知道她的性癖？也许不知道，或者如果他知道的话，也只是认为她受了诽谤。这是这位迪迪埃使马里翁恢复她应有地位的大好时机。

我们都了解其余的事情：他在同她过了两天狂热的生活以后动身前往意大利，心里牵挂着，怀着猜疑，唯恐她不爱他，于是写了许多热情洋溢的信，这个科西嘉岛出身的孩子受了香艳故事的熏陶，他这时在言行或信札中对谁也不隐瞒他的感情。当时同他有过接触的人都承认，他"谈起她和他对她的爱情来充满着一个年纪很轻的人感情横溢和富于幻想的特征"。① 我们都知道他头几次胜利的空前辉煌的业绩,这位年轻将军很快就获得的名声,以及邀她前来同他在一起并分享他的爱情的请求信。我们都知道这个荡妇为了拖延动身的日期而施展种种诡计,为了延长她在巴黎非常称心的耽搁而捏造种种借口——甚至说她怀了孕!——而在巴黎,她是由于他的缘故才成为社会上引人注目的焦点的。我们都知道她到了米兰,兴奋得几乎发疯的拿破仑赶到那里去同她呆在一起,最后还是含着眼泪同她分手,回到部队去;她同下级军官来往时行为有失检点,当他想回到她身边时她逃往热那亚,她使他陷于狂热的状态,而当她和他在一起时她感到无聊乏味。我们都知道她对他不忠,她是喜欢公鸡和火鸡的老鹰,这一点除了(十分自然地)他本人以外谁都清楚;知道本来应当要求宽恕的始终是她,而央求宽恕的却始终是他。我们都知道,她对他的荣耀保持淡漠,而这种荣耀是她赖以生活的,并且在她也许没有感觉到的情况下已经给她搞来了好的运气和意料不到的欢乐。我们都知道,她没有那种促使一个妇女竭尽一切办法提供报偿和安慰——对他这样的人来说格外需要——的女性英雄主义。但这不是她的过错:她并

---

① 马蒙语。

不爱他。妇女并不因为她们对谁表示赞美才产生爱情。她们有了爱情才对你表示赞美。男子和妇女在这方面或许有所不同。

我们都知道,他对她的宽容是坚定不移的。我们都知道,当他在埃及的时候,他获得了关于当时她在法国的行为以及从他们结婚之日起她的所作所为的确切情报。我们都知道他的痛苦、他的反抗、他想同她割断关系的决心,以及在他回家的那天夜里她在他房门口扮演的喜剧;知道他最初非常坚决,后来当她把他所钟爱的两个啜泣着的孩子带到他房门口的时候,他又怎样从冷漠的态度中透露出柔情。我们都知道,他从来没有抛弃过他当时好容易才给予她的宽宥;知道他在行动上或口头上决不要求对她的情人——他晓得是哪些人——施加任何报复。我们知道,他曾温情脉脉地亲手给她戴上皇后的皇冠,他决不能让她显出受委屈的神情。我们知道,虽然他下定决心要同她离婚,他却出于怜悯和拘泥于宗教礼法的厚道,犹豫了几年,才把决定告诉她,而这一决定是经过世界上最艰难的过程,才克服他自己的重重顾虑和她当面挥洒的或真或假的眼泪的。在他发生这桩最大的和最天真的恋爱事件的时候,人们力图把他说得好像他为了博得一个中年娼妇的欢心已经损害了他的荣誉,其实在这个人的身上最使我们留下深刻印象的,是他心地的纯洁。

一个同他关系密切的人说："对于任何与欢乐有关的事情，他都要绘声绘色地加以形容，并给予含有诗意的名称。"从他不再认为他个人的力量受到威胁的时候起，事实上也就是从他发现了婚姻自由允许他享受的那种爱情的时候起，他就放松了和放弃了守势。当他已经负有独裁权力的责任、并享有那种权力的威严时，我们丝毫也找不到那种使其放荡行为似乎类似中产阶级为了怕人发现而鬼祟行事的特征的任何痕迹了。被打败的神圣罗马帝国给这牛首人身的怪物献来了一个丰腴的奥地利少女，他对这位少女表现了好比一个好色的副官充满着想象的急不可耐的心情。不顾礼宾的仪式，他冷不防地钻进了她的马车，以便早两个钟头把她抱在怀里。他非常慷慨地向她赠送礼物，百般给予照顾。他宠坏了她。她逢人就讲并写信给她本国的人，说她是所有做妻子的妇女中最幸福的。后来，在流放期间，他听到她有行为不端、忘恩负义、意志薄弱的情况，但他并没有借题发挥，提起这件事来。相反地，他却为了她过去给他的幸福对她备加赞扬。我觉得可以肯定，正因为他了解到他作为一个爱人的性情带有根深蒂固的稚嫩性，他才出于防止幻想破灭的本能需要，力求通过婚姻使它不致遭受经验的打击，同时使他自己免受经验所给予的痛苦，免受经验可能轻而易举地施加的不可忍受的奴役。

三

可是请听！在他能够发现自己的内心深处有一股无穷的力量足以限制他对那种经验的需要以前，可怕的苦恼是免不了的。他一定在夜里恸哭过，咬过他的被单和自己的双手，尝到了失眠的可怕滋味，整天怀着极度焦灼不安的心情彷徨着，随之而来的便是转瞬即逝的狂欢，或追求死亡的炽烈愿望。在那些可怕的时日里，他一定已经懂得怎样用双手用力压挤他的心房，压制它的跳动；他一定曾经亲手揭开伤疤，查看它的深处有没有累积起人所能体验到的最大的病痛。他不得不在他横遭摧残的生命的核心寻找他的力量和天赋。尽管如此，他还得有所作为，运筹帷幄，发号施令，在别人面前显得像以前一样果断，显得比他们卓越，虽然他们看出他脸色苍白，他那振作起来的情绪使他们很受感动。

我们应当记住，他在爱恋妻子时所度过的最狂热的时刻，以及他深受愿望和猜疑双重煎熬的时刻，恰巧就发生在他头几次战役的时候——也就是他按照自己的行动或者将从历史上消失或者将在历史上表现其自觉掌握的神奇力量的决定性时刻。不妨设想一下怀着焦急不安的心情度过的那些夜晚,那时即将到来的黎明可能是他末日临头,也可能是他最光辉的胜利的开端;再设想一下那些悲壮的日子,那时策略上稍有错误,就可能产生全军覆灭,他的前程以及赖其支撑的世界有一并葬送的危险。……所有这些都禁锢在一个二十七岁的青年心里,他感到万分挠心,并且他几乎日夜不眠,因劳累过度而眼睛下陷,另外还要受爱情的折磨。我可以想象到,后来他对别人和对自己取得的历次胜利,在他来说要容易得多。因为在这个时候,只要由于刚收到一封略比寻常不那么平淡的信件而精神稍有恍惚;只要由于某种浓厚的猜疑正在使他苦恼得直冒冷汗,稍微产生一点想要叫别人走开以便更好地对付他的苦恼这种念头;只要由于刚巧在他必须做出重大决定时到来的末班信使没有从她那里带来只字片语而稍有踌躇;只要稍微回过头去眺望一下他知道他所爱慕的、不贞的妻子只离他几个钟头路程的那个远处——所有这些都可以在一秒钟之内一下子把他的全盘计划砸得粉碎。但是,为了睡觉、休息、写信、复函,或者在两次战役之间溜去看这个女人,求得一小时的缱绻或由她施展浑身讨厌的解数来折磨自己以求得可怕的欢乐,他却没有片刻耽误他必须签发的命令、他必须担负的责任或在事先确定的时刻准时开始采取的行动。他在那时发布的一项通令中谈到一件自杀案时写道:"一个军人应当克服悲伤和他情绪中的忧郁成分。"

这还不是问题的全部。法国和意大利匍伏在他的脚边。很多妇女毛遂自荐。美丽的格腊西尼(几年以后他当作恩施给了她几个月的爱情)跪在他的门前。但他没有开门。这位英雄不能也不愿接受安慰。在狂热中,自傲、雄心壮志、希求获得光荣和采取行动的渴望、嫉妒、欲念、肉体所受的痛苦、不断胜利所带来的狂喜、感情上的绝望所产生的郁抑不乐的苦恼,消耗了他那憔悴的身体、留有一些粉红色皱疤的苍白皮肤、缩在眼窝里闪着光芒的大蓝眼睛,可是,纵然如此,他仍旧是纯洁的,是个禁欲主义者,是他身体的主宰、炽烈的心的主宰。"我的灵魂非常坚强,不可能把我引入陷阱:在花丛下边,我猜想有一段悬崖……因此我的运气取决于我的智慧;我本来可以忘记自己,哪怕只是一个钟头,但我有多少次的胜利是不到一小时就取得的啊!"

由此可见,他爱着爱情。由此可见,他把对自己行施的权力提高到迫使爱情(即使在它进攻最猛烈的时刻)在一种激情面前退却的地步,这种激情纵然不那么残暴,他却觉得是持久的,为了这种激情,即使在他最感苦恼的时候或他已完全耽迷于爱情的时候,他也希望获得一场他曾用他的幸福换取的胜利。在萨姆森看来,没有摒绝爱情的问题,而只有以激烈的遭遇战控制爱情的问题。一个企图迫使所有的人都赞扬和服从他的人，除非他通过对爱情的白刃战和征服爱情的胜利而成倍地增加了他的力量，他是永远不能迫使他们做到这一点的。这就是这位英雄与众不同的地方。每逢他对爱情让步的时候，斗争就开始了。如果他取得胜利，他的英雄主义此后就得到更好的培养。他的同时代人，尤其是后代，只看到他这些胜利的结果。他们看不见那些胜利所耗费的血：特别是当血悄悄地从一个伟大的心中流出的时候。

第八章

他和知识界的关系

一

　　我们人人都有一种中心力量,虽然大多数的人并不懂得怎样使用它。这个中心力量是很神威的。但它一旦被人们所掌握,就能出现超人——换句话说,出现诗人,不问这个诗人是在哪一领域活动,运用哪种文字,不问他的工作是形之于思想,或见之于行动。它也不管这个人愿意与否,都要迫使他付出(和别人)同样的喜悦、同样的痛苦、同样的牺牲和同样的克己,亦即全部同样的反应,尽管反应的目的和缘由(各人)可以有所不同。正是这点使这一诗人和另一诗人的风格不同,并把他们的表现形之于笔墨而流传至今。语言文字是强加于诗人的,这不是他所能选择的,而作品是诗人自己的。这个作品是这个物质世界和这个神威的中心力量相接触后,对诗人殷切探询的答复所表现的形式。有许多人先后或同时同样成功地在绘画、文学、音乐、外交、政治、商业或工业上显示了他们的风格、趣味和才华,但他们和作为超人的诗人的力量截然相反。因为诗人的力量是与众不同的、无比强大的,所有其他人的一切聪明才智,在诗人的力量中都已包罗无遗。它主宰一切。世上有多少音乐家嫌弃文学，有多少文学家讨厌音乐！巴斯噶的伟大岂能因他对绘画的见解而逊色？即使拿破仑对音乐绘画或文学一窍不通，他仍不失为艺坛的最伟大的英雄之一，因为英雄气概属于知识范畴，余如勇气、顽强、无畏，则更不待言。

如果我们想了解拿破仑关于这方面的鉴赏力，我们至少必须谨慎。拿破仑没有闲暇自己来说明这些东西。而拉斯·卡兹和古尔戈提到这些东西，即使他们谈的或许中我的意，我也认为不宜过于重视。一般都认为，拿破仑的文艺修养功夫很深，而拉斯·卡兹和古尔戈两人既然没有这样的素养，在这方面自然不配来评判拿破仑。我宁可重视拿破仑本人和歌德的全部谈话，歌德有两次评价拿破仑的谈话，说它"非常公允"。但我仍有不足之感，歌德是因为拿破仑喜爱他的《少年维特之烦恼》一书而感到得意的。何况我对那个在文艺欣赏方面过分推崇伤感和教条式的时代并无信心。我们还是根据事实做出评判为好。拿破仑博览群书，但往往信手拈来，不加选择，历史他读得不多，然而，在他当时，除了他所欣赏的孟德斯鸠的著作以外，还有什么值得一看的历史著作？当时的学问浩如烟海，要专心致志地去研究、深造，拿破仑无暇及此。他似乎自然而然地只能找些名著。

他不爱看当代作品——难道我们能非难他吗？——例外的是歌德和夏托布里昂两人的作品，在这一点上，他很有眼力。归根到底，他要做的事情太多了，哪里有许多闲功夫读书和评论小说。

他满脑子都是古代思想和东方思想。在他年轻当军官时，皮包里总装着一部《普鲁塔克的名人传》，这件事或许可以作为他早期所受的教育的标志。此外，他还热心阅读描述海上探险的《奥德赛》和在灵魂中探险的新约，再就是《天方夜谭》和《从巴黎到耶路撒冷的旅程》。在这想象的旅程中，勾引起他对地中海的怀念。地中海是他的出生地，也是他光荣业绩的起点。为了追求光荣业绩，他横过驰名的平原进入奇妙的城市威尼斯；为了更好地探索光荣业绩的精华，他继续前进，一直远溯到人类的共同的光荣发祥地，从金字塔到西奈。倘若想象力不是行动和思想的唯一来源，倘若他对但丁和奥西昂、《少年维特之烦恼》以及《基督教的精神》[19]的爱好不能证实他一心一意要摆脱琐屑小事、精神上的小打算小利益的不可抗拒的愿望，而把心思用于刚毅激情的危险神秘之中，去达到最后的目的，即使为之毁灭，也在所不惜，我也不认为必须把这看作是文学爱好。

实际上这就是他所寻求的。为了达到他的目的，他对18世纪的著作，态度颇为冷淡，但卢梭和孟德斯鸠两人的著作除外；对于后者，他曾以非凡的先见之明评述："唯有孟德斯鸠的著作是我们不能减其一字的。"他毫不迟疑地承认这部著作是他的社会、政治观念最确实的祖师。当时伏尔泰仍然是公认的最大悲剧家之一，他却知道这位作者的空虚，说伏尔泰"既不懂人，也不懂事，又不懂伟大的激情"。拉辛是他感兴趣的，他阅读拉辛的《安德洛马克》和《菲德雷》，并以最大的热忱评介它们。他尊重高乃依，这当然是因为他在高乃依著作中看到了自己的政治体系的一部分基础工作。不过，他很少阅读高乃依的作品。难道这是由于他或许觉得高乃依过早地遏制了激情，以及在他的作品中，比起埃斯库鲁斯的作品来，更难于追索到"恐怖的进军"？考虑到希腊悲剧作家的作品被人们搞得过分滑稽可笑，认为需要重新逐字翻译，并且恢复戏剧原来的唱词和准确装束，他说他不愿对希腊悲剧作家加以评论。总而言之，他的全部见解，以至于包括他的音乐爱好都是完全合理的。音乐从纷乱的人的激情中胜利地恢复人们的组织才能。悲剧是由聪明的意志力的努力所制定的热情的冒险行动。看起来拿破仑似乎在内心、正如在历史和戏剧中一样，追求的是那些决定历史和戏剧的无声力量的作用，而领袖和诗人的任务，只限于去组织这些力量罢了。

此外，当他不理解或认识不清时，他是承认事实的。在意大利，他想挑选名画和雕塑时，总是委派学会会员去办。这种做法，在今天看来，未免古怪，否则也是过于天真，但这和他平素习惯倒是一致的。他遇见超出他才识范围的事情，都是这样处理。他的这种习惯是他的一条重要的工作方法，而不会有任何缺陷。拿破仑对雕塑艺术几乎不感兴趣，在这里他也采用这个方法。这种方法是他在控制整个革命形势以后相当奇怪地从大卫那里学来的。可是，这既不妨碍大卫成为一位大画家，也不妨碍拿破仑在其中发现无疑是过于呆板的管理方法和过于绝对的片面性，它们被证明在行政和法律的绝对统治上大有用处。他又是人类的鉴赏家；对于傻子，他是要远远躲开和蔑视的，他只重视和亲近聪明才智、坚强有力的人。他可能感到自己远没有画家的气质，不过，他却不难从他们的谈话、他们的腔调、甚至于他们的沉默不言中窥出某某画家比某某画家高明。我要提一提的是，他喜欢的画家除大卫外，还有普吕东和格罗。

二

拿破仑在那些有思想的人中寻找朋友，也找到了朋友。奇怪的是，除了德赛以外，他在自己的部将中没有一个知心朋友，德赛似乎跟他具有同样的气质，拿破仑把他看成"一个具有古希腊罗马气质的人"，拿破仑自己可能也愿意成为这样的人。拿破仑无疑喜欢拉纳，还有迪罗克和贝特朗。然而他喜欢贝特朗就如同喜欢某些极美好的珍品——一座雕像或一幅图画——一样。在他看来，贝特朗是那些卓越领袖人物中最有才华的典型：这些人光着脚来自孚日省和比利牛斯省的农村，身经百战，伤痕累累，屡建功勋，从而达到了现有的官阶。他们三十岁左右就统率大军，是一些身强力壮、愉快乐观、精力充沛的奇异人物。他们年轻有为，忠心耿耿，身材修长，尽管身穿镶金边的军服，却不无羞涩之态。他们争相承担最艰巨的重任，心如烈火，而头脑冷静。他们沉醉于战斗，渴望荣誉，视死如归。拿破仑把这样的人看成自己有用的看家狗。这种狗看门看得好，咬人咬得狠。

拿破仑如果有几个朋友的话，那就是蒙热和拉普拉斯。这两个人都是具有敏锐的音乐才能的人。他们在数学的无声诗歌中探索坐标,从而著述了《投影几何》和《宇宙系统》,正如它们同样引导拿破仑去设想通过军队和政治谋划的联合行动,去夺取最高胜利和建立精神大厦。不过,这种最高胜利总是注定从拿破仑的手边溜掉,而他的精神大厦也总是不能完工。此外,还有贝托莱,这个人具有很好的品格和勇气,敢于当众承认他在科学中的错误。他也跟拿破仑一样,习惯于从最实际的、直接观察到的事物中做出抽象的推理。还有卡巴尼,一个心地纯洁而有威严的人。在对待唯心主义的教条上,拿破仑跟他具有共同的厌恶态度。卡巴尼的才智是从学习生物学得到的,而拿破仑的富于生气的天才则是从他自身的经历中培植起来的。这两个人都把唯心主义的教条看成一种邪恶,对它深恶痛绝,不能容忍。显然,拿破仑同这些人的如此光辉的友谊,加以我们所知道的他的爱好、他所读的书,以及他同歌德的交往,所有这些都足以证明,人们指责拿破仑厌恶各种思想观念,是不足信的。

拿破仑厌恶的是理论家。对于理论家这个词,我们有错误的理解,而且我想,往往是故意如此的。如果改用另一个词,例如改成空谈家,就会好些,意义不致含糊不明。当拿破仑登上舞台的时候,法国思想界死气沉沉。法国各学术团体、沙龙和国民议会,都充斥着对行将结束的伟大世纪的理想和人物的夸张的、滑稽的模仿这类货色。希腊人，罗马人，卢梭的《社会契约论》，孟德斯鸠的《论法的精神》，以及狄德罗的《哲学词典》，把这些纸扎英雄及其老生常谈的公式搅在一起，汇成一股打油诗和诡辩说的浊流。于是那些报馆和委员会里的小丑拾人牙慧，互相转述，而自由的奴隶则随声附和，从旁喝彩。

为了了解拿破仑对这班人所产生的难以容忍的厌恶，就必须了解他们是些什么货色。这些人就是社会和政治的玄学家、俱乐部里的哲学家、最终幸福和空中楼阁的建筑师。他们如果不穿上礼服登台讲演，就自以为丢脸。这班人全是自命不凡的笨蛋，阴险狡诈的饶舌客，停尸房和法院里的害人虫。把他们跟拿破仑做一比较，拿破仑的思想是清晰的，它能开拓前进的道路；拿破仑的想象力是惊人的，它只爱完美的东西，它领悟事物必得其全貌。只要拿破仑做个手势，这帮人就会默不作声，低头去看他们礼服燕尾上的花纹。他们中一些更蠢笨的家伙则开始写诗，把自己古旧尘封的格言塞进夸大其词的打油诗里，或者气呼呼地在学院成堆的人群中发表冗长无味的演说。拿破仑叹道："天呀！文人原来是这样的傻子！"这是一句真话。

三

有人说过（我想是梯也尔说的），拿破仑在同歌德的一次交谈中，说过大致如下的话："我不理解，为什么像你这样的人不喜欢简洁的文风。"这就是这位拉丁贵族、逻辑学家、法典制定人、道路和桥梁建筑师的风格。这种风格同他的性格非常吻合，他不允许在观念和实践之间存在任何间隙——除了下命令时所必需的那一段时间以外。这是领袖的风格：他能够根据规定的任务，把每一个人安置到适当的地方。拿破仑有一次评论历史学家塔西佗时说："他是词藻华丽的大作家，但不是历史学家。"只要别人不首先错误理解拿破仑，他是不会错误理解别人的。拿破仑是一个有条不紊的人。尽管他日复一日地把自己的诗篇创作推到以后、推到他想象中的未来去进行（拿破仑的神速进军的每一步，都在他面前揭示出一幅想象中的未来的图景），但是他头脑中却筹划着如何使用所有这些写诗的素材，并严格按照他的计划，把它们放置在适当的地方。从拿破仑的全部形之于外的活动中，就可以感觉到、甚至可以衡量出他的智力。拿破仑是罗曼族人，是开河筑路的建筑师，在这个混乱不堪的地球上，他处处开拓出清洁平坦的大路，让人们的思想都能沿着这些道路前进。他把旧的城市街衢夷为平地，或者越过这些地方修筑起一条条大道。他建造用管道供水的喷水池。他凿山开路，填平峡谷，修筑堤坝，排干沼泽。他制定保护道路和桥梁的章程。他不允许任何人向他提出使用铁料，因为铁是容易生锈而被腐蚀一光的。他只用石头做原料。凡是他目所能及的并能够按照他的意志修建的建筑物，他都希望尽量延长其寿命。他命令办一件事，都规定出期限：要按他规定的时间动手，也要按他规定的时间完成。他个人的需要可以立即变成公用事业的项目。如果他不得不在河边等候渡船，而渡船来迟了，他就决计在这里修建一座桥，而桥果然就建成了。在他的头脑中，世界是以固定的轮廓和形象装配起来的。因此，他在每个方面的观点由于要直接和立即付诸行动，都变得意义十分重大。

由此可见，他的思想是极其清晰透彻的，具有锋利的棱角，同时又是沉静的，绝无花哨的外表：它好像是由一块大石头雕刻而成的，无论他想把它安放在哪里，它都能干净利落地、重重地落到哪里。我承认，对于拿破仑的那些受人大加称赞的告士兵书，我并不很喜欢，因为在这些文字中，他为了博得士兵的欢心，不惜强迫自己放弃自己的语言，而说一些见机行事的话。这些话很少发自内心，多半是装腔作势，空洞无物的。但是他的书信则大不相同，经常是鲜明、机敏、泼辣、锋利的。这些书信，特别是后人保存下来的一些他的谈话和演说，风格如此壮丽，简直是一种奇迹。其所以这样，是因为它们具有绝妙的表现力：语句极为坚定、简洁，笔锋时而粗犷，时而扣人心弦，叫人拍案惊绝。它们有时像史诗般的探险故事，描绘得景致如画，色彩绚丽，栩栩如生；有时像抒情诗，一任其深邃的、宽广无边的感情流泻奔放，同那高雅悲剧的情调适成鲜明的对照。"这是火山里冶炼出来的花岗石"——这是拿破仑在布里恩纳的一位教授对他的评语。拿破仑的确是这样的花岗石，不过还得补上一句，是块有生命的花岗石。拿破仑写的东西，口授的材料，以及他说的话，都是文如其人的。可以说，他的自豪的性格使他的谈吐经常是高超的，使他的用词遣句总是高出于凡人俗语的陈规旧套之上。在某些特定的时间和场合，他简直像石头一样全身投入他的演说。他的思想的力量支配着他的语句，使这些语句十分动人，令人眼花缭乱，却又坚实有力，其中还夹杂着一些他连哼带喘地说出来的粗鲁的题外话。在他的语句中，遇有一些深晦的地方，往往被某种转瞬即逝而又时时出现的闪光所照亮。每遇到这种场合，他便用一个具体的词，一个常见的、甚至平淡的词，穿插进某个深奥的隐喻里，构成一幅活灵活现、生动如画的壮丽场面。

这时，拿破仑自身的形象也就立即显现出来了：他或者令人望而生厌，或者喜好讽刺挖苦，或者遇到了不幸，或者正赤手空拳，或者甚至在天神似的外貌下，显出一个最普通的凡人的原形来。

显然，不存在把统率军队和治理人民的重任托付给艺术家的问题。倘若这样做，那将是一种冒险：因为正当需要采取行动的关键时刻，他们却在梦想写诗或绘画。但是，世界上曾经发生过，有的民族和军队从来没有受到过任何其他人的真正的统治，唯独受到了某些能采取行动的诗人的统治。这种诗人具有控制群众感情和要求所必需的能力和诗的直觉。他凭着天赋的灵感来行动，亦如有的人用这种灵感来写作，另一些人用这种灵感于绘画一样。作为现实主义者，让我们注意这样一点：拿破仑区别于莎士比亚、米开朗琪罗、伦布朗或巴尔扎克的地方，仅仅在于他的艺术的媒介具有特殊的属性罢了。像这些艺术家一样，拿破仑设想利用更直接的现实中最富于生气的对象来创造第二个现实。也像这些艺术家一样，拿破仑并不去选择对象，而是对象找到了他。假若有一种力量（它控制着拿破仑）强迫拿破仑为了自身的解放而把人、人的激情、主要是人的躯体当作这样的对象，这并不是拿破仑的过错。拿破仑服从了这个命令。他是用上帝给予他的材料来建筑自己的纪念碑的。

第九章

陶　　土

一

当拿破仑掌握最高统帅大权的时候,他拥有的军队大概是空前精锐的了。因为从来也没有一支军队是在这样的环境中建立并锤炼起来的。过去十年间,它一直在所有的边疆上作战。最初遭到挫败,像失去牧人的羊群一般四处徘徊,情景极为狼狈,然而精神状态却有所提高。通过实地作战的残酷经历,军队本身也逐渐得到改进。军队中不好的成分,或在战场上偶然被淘汰,或通过断头台消灭掉了。同时,比较经得起考验的成分,则受到了贫困、雄心、信念、勇气、牺牲和恐惧的锻炼。军队开始识别出它自己的指挥者——这是一些脚上没有靴子、穿得破破烂烂地在队伍中行进过的人。他们饱尝过饥饿、寒冷、失业、困苦,体验过当兵的一切幻想。就是这些人把军队里不明显的、分散的力量聚集起来,就像许许多多耐寒的谷粒那样,得到泥土汁液的滋养,就从杂草和石缝中钻出头来,笔直地朝上伸展。三十五岁的某某上校在三十岁上曾作为一名士兵接受过某项任务:他与他今天所带领的一团人中的一百名部下吃一样的面包,睡一样的草铺,如今他们的鬓发已经斑白。同样的精神开始感染整个军队:焊紧它的骨骼,舒张它的肌肉,磨炼它的神经,平衡其各种素质但使之各具必要的特色,把整个机体编组成若干稳定的器官,形成一个个既紧凑又机动的兵团;这些兵团在战斗中诞生,受战斗的陶冶,在枪林弹雨中生活,每个小组织都恰好在战斗所需要的地方,充满着机智和坚韧不拔的毅力。同样的精神由于有了那种在自尊心的激励下使部队的活力得到加强的利益和情感的冲突,协调了整个部队,让它朝着同一个目标前进。意大利军队喜欢冒险的热情同来因河军队理想主义的热情混合在一起,这就把个人的妒忌与仇恨、集体的美德与恶习禁锢在一个生气勃勃的整体里,用一个共同的机构来维护其不稳定的团结,再加上一只听命于一个伟大心灵的强有力的手来指引它走上一条平坦的道路。

从布朗努时代的高卢到黎塞留时代的法兰西,"伟大的军队"一直是武装起来的民族的缩影。一场对外战争毫无例外地产生一种共同行动的趋势,好歹使内讧暂时中止一下。好战的有才干的人往往借内讧来逞其贪欲,而由于他们相互之间经常对立,内讧使全国一直深切地向往着秩序、均衡与和睦。"伟大的军队"里有条顿族和拉丁族人,有克尔特人和诺曼人,有法兰克人和阿尔比让斯人，还有阿尔尼亚克人和布尔根迪人。在加茨康的将领——拉纳、贝尔纳多特、布律纳、贝西埃、苏尔特、拉马盖、克洛塞尔、南苏迪——手下，莫蒂埃率领了弗兰德的织工，奥日罗率领了巴黎的小店主们，絮歇率领了里昂的丝织工人，达武率领了法兰斯-孔德省和布尔根迪的金属工人，康布罗纳率领了布雷通的制绳工人，在敌人的突然袭击下显示出灵活、机智和镇定。这些人枯瘦的身躯只靠一星半点面包、几枚无花果和泉水就能维持健康，坚持战斗。他们对恣意掠夺也有天生的爱好。他们在远远地望到高耸的回教堂的尖塔和拱门时，就发出一片笑谑和欢叫声。他们那种急于大显身手、炫耀自己的强烈欲望受到不平凡的冒险事业的助长，这种欲望萦回于他们的脑际，甚至到死亡为止。缪拉身上佩着金饰和钻石，插着飘扬起伏的各色羽毛，他同前卫哨兵一道骑着马，剑不出鞘，用马鞭抽打着一匹匹哥萨克马的瘦屁股，驱使它们不等他骂出粗话就飞奔起来。奈伊踏过雪地，穿过硝烟，一往直前。他面色狰狞，眼神凶恶，头发卷曲和红得像火焰一般。跟在他后边的是来自洛林的将领——古维翁·圣-谢尔、乌迪诺、德鲁奥、木通、热拉尔、拉萨尔、埃格泽尔芒——阿里斯珀和巴尔巴奈格尔替他们率领来自比利牛斯山和朗德的牧人，蒙布伦和维克多率领来自多芬纳和塞文的伐木人，儒尔丹率领来自利摩日的石匠，马尔博和多麦斯尼尔率领来自佩里巴尔的采石工人，马塞纳和雷耶率领来自莫雷的走私者，德赛的阴魂率领来自奥弗涅山的牛羊贩子。所有这些人都对这个共同事业做出贡献：遵守命令，在作战中坚韧不拔、行动果断，遇到意外的事变和恐慌时奋力抵抗，具有能用无情的毅力把人与人团结在一起的足以自豪的伟大力量，也具有在渴求一个无与伦比的目标时产生的一种悲壮的必死决心。来自滨河山麓的葡萄园丁和来自广大平原的农夫是这些中轴和核心周围的肌体。他们是"伟大的军队"的脊柱、神经细胞、灵魂和心脏。这肌体依靠土壤茁壮成长，它热爱土壤。它质地朴实，血气方刚，因为它生活在仆仆风尘中，被风吹日晒得黑黝黝的。它靠着从树木打下的栗子和自己制作的面包过活，在苹果酒和葡萄酒的熏陶下变得生气勃勃。这个民族，这支农民的军队，它那行若无事和谨慎小心的性格，通过一个紧张、动荡、敏感的庞大首都，接触到了一种强有力的酵素，使集体理想主义、个人利己主义以及在欲望、手段和方法上的不稳定性有所滋长。这是一个混乱的民族和军队，如果不是某种重大危机和某种伟大毅力硬使他们保持和谐和遵守秩序，他们早就一败涂地了。他们是这样的民族和军队，如果在他们行进的道路上某个转弯的地方出现这种重大危机和毅力，他们就会在思想上取得一致，在行动上克敌制胜。他们是这样的民族和军队，如果国内外不稳定的和平局面持续过久，方向错误的欲望不时冒头，他们本来就会变得脾气乖张，离心离德，崇尚虚荣，轻举妄动，意气消沉，怠惰成性。然而在果断的冒险挺进和强有力的领导确立了稳定局面以后，这个民族和军队就会变得和善、忠诚、朴实、睿智、英勇、热情……这些就是他们所给予拿破仑的，这些就是拿破仑反过来给予他们的。

应当指出，为了实现这种局面，就必须使整个民族都武装起来，使各地区、各行业、各阶层融为一体。这个民族的领袖必须使征兵制成为一种正常的、永久的工具，并制订出一种后备兵役制，从而有条件使战争成为有组织的，而不像过去那样松散的行动，以这种制度为基础，把民族的根基深深地扎入战争之中，把大革命的思想永远保持下去，使之成为一种集体的手段。他们可以借助这种手段来传播他们的思想、他们的需要、他们的抱负、他们精神上的帝国主义。通过以上的办法，这个民族的领袖必须用战争把他们紧紧地团结起来，从而使战争不再能够与他们的存亡安危脱离联系。由于有了这个领袖，他们必须二者择一：要么是热切地要求永远消灭战争（这也许是使战争长存下去的最可靠的办法），要么是承担战争的义务，那就是每当他们迫不得已诉诸战争时,从战争这场戏剧中获取最大量的可怕的利益,这时每一个人在忍受战争的过程中,其精神、思想和肉体都会陷入困境。

二

拿破仑是怎样看待法国这个民族——"万邦中的诗人"[①]——的呢?他是怎样看待这具低音大提琴的呢?它的弦时常折断,或者说时常自行折断,因为它绷得太紧。这个音律和谐的匣子,每当轻风拂过,就铮铮作响。任何一只手挨近来,它都立即有所感应,颤动不已。它只是在等待着一道强劲的弓来把它那游离在广阔丰富的音域中的声响归拢在一起,奏出铿锵的旋律。布廉纳告诉我们说:"拿破仑热爱法兰西。"但是布廉纳是否领会到隐藏在这种爱后面的动机和意义呢?当泰纳在书中说拿破仑"像骑师爱他的马"那样爱法兰西时,他的话听起来岂不是说得比较中肯吗?但是他这样讲话,是不是像位教授——客观、生硬,颇为傲慢和存心不良呢?而

---

① 伊丽莎白·布朗宁语。

且，难道很容易了解一匹马的感情吗？难道法兰西不比一匹马好一些或者至少与马不同吗？另一方面，拿破仑自己说过："我知道我只有一种激情，一个情妇——法兰西；我和她睡在一起；她从来没有使我失望过……"这话岂不更使我们接近于理解他对法兰西所怀有的爱恋的性质吗？一方面是他，另一方面是法兰西，通过交往，双方共同经历了一场陶醉。如果把两者分开，任何一方本来也不会有这样的陶醉，任何人在任何时期都没有给过法兰西这种陶醉，也只有法兰西才有能力以这样的陶醉来酬答他。我不敢断言是否宜于用"爱国心"这个字眼来描述他这种感情。老实说，我认为是颇不适宜的。然而由于他的这种感情是更为独特的，更为罕见的，而且当然不是冷漠恬淡的，我就不知道这种感情是不是还具有更为浩瀚的内容，在它引人注目地勃发时，是不是含有爱国心一词所不具备的诗意的、甚至积极的丰富内容？关于结婚与恋爱这二者各自的优点的讨论无止无休。它们是两种不同的东西：前者的优点在于确保人种不绝，后者的优点则在于保证其抒情范围的扩大；前者的优点在于使社会美德得以巩固，后者的优点则在于产生艺术。如果一个公民在人生的戏剧中没有扮演艺术家所扮演的角色，那不是他的过失。反之也是如此。

无论怎么说，拿破仑对这一点看得是一清二楚的，他也明白地道出。他的感情和法兰西的感情就像热恋中的情侣的感情一样。他们吵嘴,互相奚落。他用鞭子抽她,使她流血。他又打扮她,把她弄得漂漂亮亮,让她沉醉在硝烟气味和荣誉中。法兰西则自豪地迷恋住他,给他以心荡神移的欢快,把他敏感的能力运用到登峰造极的地步。她咬他,她哭泣,她满怀喜悦与痛苦而大声叫喊。终于,在最美妙、最狂热的拥抱之后,她搞得精疲力竭,把他从楼梯上推将下来。他只要敲一下门,她就会一边把门打开,一边拼命抽噎。在他们把他从她的怀抱中拖走之后,她那可怜的苍白面孔上的一双眼睛永远凝视着那回忆中的美妙往事。她有时在脑海中召唤出这些回忆,有时又强迫自己忘却它。忘却的办法或是发出激烈的言词,或是沉湎在音乐和绘画之中,或是使自己处于沉默的万念俱灰的失常状态。于是,有一天当她悲伤孤独的时候,来了个男人,他在胡子上贴着硬纸,用颜色纸装饰他那卷曲的头发,以便使她误认为是拿破仑本人。由于这人竭力用虚言假语百般奉承她,她竟然倒入他那软绵绵的怀抱中……①

我知道他的部下也有不服从纪律的,他所颁布的那些骇人的手令有时也曾引起一片嘈杂的反抗声。例如被

---

① 指拿破仑第三。——英译者

大军后面的别动队所抓到的散兵游勇，在不祥的卡斯蒂耶平原上苦于喝不到水之后，接着还要遭受更深的痛苦：这些人得再度爬山越岭，靠两条腿跋涉整个欧洲，最后落得个筋骨折断，伤口爬满蛆虫，饥肠辘辘，心凉如冰，意气消沉，倒毙在积雪里。我知道，在意大利战役、在雾月、在第一执政时期以及在奥斯特里茨为他赢得了狂热的爱戴之后，从1809年起，或者至迟从1812年起，甚至士兵，甚至征募来的壮丁，背后都对他怨恨起来。但如果他本人在什么地方露面，军队和人民还是会以高昂的激情向他致敬的。每当胜利的前夕或者他亲临战场的时候，人们总是为他欢呼。对他发出的那种深厚的、出于爱戴的、经久不息的欢呼声浪，把他的名字从胡安湾传到巴黎。人们在开拔到杀戮的战场时，心中存在着一种奇特的狂热心情：他们挥动手臂，不是由于他们想去杀害，而是由于他们想要颂扬那个派他们去打仗的人。毫无疑问，这是一个神奇的现象，它使人们在此时此刻感到这一个人是一种广大无边、莫测高深、超自然的意志的不承担责任的工具，这种意志包围着他们，超越他们，使他们不受平庸命运的支配，而如果没有他的话，等待着他们的正是庸庸碌碌的一生。当伦布朗独自一人在半明半暗的光线下作画的时候，在无限空间自由游荡的各种颜色的分子都凝聚起来为他的技巧效劳，只要他提笔一挥,它们就会按照他的笔法自动集合……由此可见,这些人类的分子也同样地感到,随着战神的足迹接踵而至的,也许是普遍承平与统一的朦胧形象,它们在不太久的未来可能会充分显现出来。

我要再说一遍,他们对他的爱搀杂有徒然的反抗和狂热的奴性!可以肯定他是深深地察觉到了这一点的。

"我去世以后,人们会说些什么?"

"陛下,他们会说:'世界上失去了最伟大的人。'"

"陛下,他们会说:'各族人民失去了他们的父亲。'"

"陛下,他们会说:'地球的轴心转移了。'"

"诸位,你们大错特错了。人们会说:'喔!'"

人们会说:"喔!"——正如一个人在爬上一座高不可攀的山顶之后会这样地吁出一口长气,那时他全身发热,唇干舌焦,蛇咬过他,荆棘扯破了他的衣服,满身汗水和灰尘,为自负和疲劳弄得散了骨头,他倒在灰色的岩石上,静待清新、圣洁的夜晚来临。人们会说:"喔!"——正如一个人在越过一片爬满鳄鱼的险恶沼泽后会这样地吁出一口长气,那时他到了沼泽的另一边,看到了女神赫斯贝里特斯的金苹果。人们会说:"喔!"——正如一个人从女妖骚西的可怕的怀抱中逃出来以后会这样地吁出一口长气,那时他意识到她的香气离自己的鼻孔越来越远,看到孩童和牲畜在溪边嬉戏。

爱把它那血腥的匕首深深攮入这个人的肉里,开凿出精神的源泉。

人们会说"喔!"男人在爱恋的激情中,难道没有千百次地恨不得他的情妇死掉,好把他从焚烧他身心的那件外衣中解脱出来,重新获得自由吗?拿破仑或是同时或是先后,往往在同一个人身上激起热忱和仇恨、狂喜和痛苦。这就是全能的人注定的命运。无论谁对他都不可能是漠不关心的。他把一切人的精神和思想都激励起来,每一种潜在的力量都在他前进时被鼓舞起来了。各族人民都巴不得他死掉,然而他们又都希望他能赢得胜利。厄尔巴岛上的居民在他抵达那里的前几天,曾经焚烧过他的模拟像,然而他本人一到,他们就欢欣若狂。无论他走到哪里——米兰、阿姆斯特丹、维也纳、德累斯顿、柏林、华沙,甚至在一个敌对的国家,在被占领的城镇,他所过之处人们都夹道欢迎。当他战败而作为俘虏登上普利茅斯海中停泊处的"贝勒鲁封"号,从此只能独自得意时,海上舳舻千里,游艇筏子联成一片。当时倘若他在船桥上出现,所有在场的人都会在热情洋溢的静默中脱下帽来。"人类听命于此人,正像他们听命于各种自然现象一样。"[1]

---

[1] 爱默生语。

这是一个奇怪的事实：不但他的敌人，就是那些确实对他有私仇的人，也拜倒在他的魅力之前。这与廉价的声望毫不相干。"我是沿着黄道，越过赤道运行的太阳。我到每一个地带时，就唤起一切希望；人们祝福我，崇拜我。然而当我前进的时候，当人们不再理解我的时候，就产生了各种相反的感情。"他是人们期待已久的人物。人们尽管吃过他的苦头，仍然都甘心接受他。所有的人都接受他——从最凶悍与最善良的到最谦逊的与最骄横的。当大军从埃及渡海到法国的时候，他的一名侍从做过这样的论断："倘若从船上跳下海去对他有什么用处的话，我们中间没有一个人不愿这样做。可是，为了效忠他的事业，甚至在他有所表示之前，我们个个都愿这样做。"当他途经土伦时，在巴黎就认识他的德克雷前来拜见。这是在他被委任为意大利军总司令的几天之后，当时他还没有得到任何胜利的荣誉。德克雷追述道："我怀着急切和喜悦的心情匆匆忙忙地跑去看他……我正要趋前拥抱他，可是他的姿态、神情、声调都足以使我趑趄不前。尽管他的举止并没有什么令人引起反感之处，但这已经是够我领教的了。从那以后，我再也不曾设法弥补我们之间的隔阂。"当他接过指挥权之后，他的麾下有像马塞纳、塞留里埃、拉阿尔普那样一些卓越的老兵，他们参加过的战斗比他多，他们打过胜仗，统率过军队。这些人用轻蔑和嘲笑的神情来看待这个派来领导他们的陌生的上级——身材短小，看来并不健壮，长长的头发没有扑粉，脾气急躁，长着癣疥，一口科西嘉的土腔土调。奥日罗说："这个小鬼将军使我吓了一跳。"旺多姆——一个典型的北方军人，性格执拗，满脸皱纹，举止粗犷，也说过同样的话。还有歌德，当有人问起他为什么会对拿破仑那样特别倾倒时，他干脆回答说："那是他。因为那是他，我们才对他注目，——仅此而已。"这个说法够了吗？世上究竟有过几人，为了满足他们自己的希望而能够牺牲芸芸众生，芸芸众生为了他们也甘愿做出牺牲的呢？在这个问题上，难道还需援引惠特曼的"在一位强有力的人物出现以前，一切都在伫候，一切都在延宕……"这段话吗？

在情妇和她的情夫之间，在人类与上天注定将有所作为的人们（连上帝也不知道他们所作所为的真正动向和未来的反响）之间，思想上存在着一种不可思议的亲密关系——即便有些距离，也仍是深邃而不间断的。这种灵犀互通，如果不是被蕴藏在群众中的神秘引力推向前进，就不会激发出这样的爱、这样的畏惧和这样难以抑制的上进心理；群众受到这种互通的感情的引导，为它所感动，等待它来了以后才发挥他们自己的力量。他这种普遍的威望虽然最初几乎令人望而生畏，却使人们成群结队蜂拥地跟在他的后面。阳台上挂起旗子和围巾，在他那沾满血迹的马蹄下掷满了鲜花。倘若一个城镇宣布他晚上到来，傍晚时分他下榻的那条街上就会挤满前来瞻仰的人群。后来，尽管他时运不济和突遭变故，他的威望有时仍然达到疯狂的高度，以致他只靠这种总同他的人品联系在一起的威望，即使没有枪炮、而且差不多没有军队，几乎也还能击退整个欧洲的进攻。一个晚上，在他从流放地归来的时候，他仍旧只凭他那可以依靠的威望，差点儿被欢声雷动的士兵们扯个四分五裂。这种威望使他内心产生了一种不可思议的陶醉感。虽然，正如我们所知道的，他逃避这种陶醉，但只是为了更好地玩味它，这正如一个人当其情妇在屋里时，就关上门不让任何人闯入一样。既然他深知自己的内心有一种无可比拟的力量使他仿佛像躺在摇篮里一样受到催眠，犹如一条船在海上受到波涛的颠簸一样，而每逢戏剧性的时刻，这种力量必然会起作用，那么，人群的欢呼、吹号打鼓的声势、一顶顶的王冠和群众如痴如狂地争先瞻仰他的热烈情景，对他又有什么意义呢？他酷爱群众的这种本能。这是他自己的本能。"我是人民的一分子。群众的感情与我的感情互相呼应。……"而他只要知道这样一点就够了：他和人民共同感受的冲动使他同他们紧密地联在一起。

我知道，当有人问他，在他一生的经历中，哪桩事情给了他最大的幸福感，他回答说："从戛纳向巴黎的进军。"然而那一次他是孤身一人，一文不名，而且也没有一兵一卒——他独自对抗了整个世界企图叫他下野的阴谋，独自对抗了为了阻挡他前进而组织起来的一个国家的所有物质力量。然而他却依靠与他心心相印的人们的神奇行动，未经流血就重新夺回了他的帝国。这是一种出乎意料的报仇雪恨办法，它足以洗刷掉这个伟大人物的种种罪孽，因为他为了实现全世界所期望于他的理想，他曾不得不屠杀许许多多生灵，不管他这样做受到世人的狂热赞许，还是不顾世人的反抗——虽然这种反抗只要他一使眼色就总是可以镇压下去的。这是一种包含着无与伦比的纯洁性的出乎意外的报仇雪恨办法。我们只有记取他上述的那句话，才能从其极端天真烂漫的语气中更透彻地理解他回答罗德勒时所说的另一句话的全部含意。当罗德勒向他转述他哥哥约瑟夫所说的关于他的一段友好话语时，他回答说："他说他是唯一爱我的人，我决不接受他这番盛情。我要的是五亿人成为我的朋友。"

三

爱有一个特征，如果要它深挚而持久，就需要双方不断做出牺牲。拿破仑的爱属于这样一种性质：他要求各族人民所做的牺牲，即使在他看来也许并不可怕，却与日俱增地超出了人民的能力与设想的范围。而各族人民，不管个别人如何说或如何看，是远比他更注重私利的。大革命虽然失败了，却已经完成了它的使命，并在法国和欧洲深深扎下了根，再也拔不掉了。这样，人们就摆脱了他们所不再共有的激情，因为在具有一般想象力与精力的人看来，这种激情已经结出了全部果实，并把曾为这种激情所虐待的他囚禁在一只小小的牢笼里，以致他很快就消瘦得变成皮包骨头。"我受到压迫，因为我是来自人民的。"各族人民为他那热烈的拥抱弄得精疲力尽，就把推翻他的任务交给了他们的主子们。然而他早已把未来时代的种子埋进各族人民的内心深处了。

时间是需要的，还将需要更多的时间，因为一个伟大的事业是没有尽头的。这一个事业是如此深广，以致它甚至可以创造出看来似乎与它完全扞格不入的形式。像世上所有的事物一样，拿破仑也不过是来去匆匆的过客。然而我认为他是自从基督以来最举足轻重的人物。

奇怪的是，几乎所有19世纪法国革命的首脑人物都倾向于把这个曾经在法国重新组织起革命、以便把它推广到整个欧洲的人看作是革命的破坏者。例如米歇莱，他非常厌恶单纯的形式，他认为只有精神才有价值。利剑、王杖、王冠、爵位——所有这些都已造成了一种幻想。他认为"共和国"这个字眼比"民主政体"这个事实要好。"共和国"这个标签下面包含着各族人民中间正在兴起的一股扎根很深的力量，这股力量扩大了这个人的胸襟，让他可以迫使世界与中世纪（它那颇值得称赞的组织如今只剩下虚有其表的形式和空洞的公式）决裂，并且让他有所准备，可以从文艺复兴所显示出的个人主义的节奏中探求一个新有机组织的种种要素。由于他坐上了圣路易的宝座，由于他在一次黩武的远征中掳去了巴贝罗斯的女儿，人们就忘记了：他曾硬要所有的人都接受的公民平等权和信教自由权；他曾推翻了宗教法庭；他的军队所到之处，都废除了农奴制；他曾把过去认为神圣不可侵犯的价值观念完全、彻底地颠倒过来，让农民坐上了每一个宝座，把公主们交给他们做老婆。没有人领会到他与凯撒、圣保罗或路德有相似的帝国主义的精神特征：这个帝国主义的意向是迫使西方接受一个单纯的观念（这个观念在原则上已为一切有良知的人和每个群众性的冲动所接受），以便继续扩大它的影响，借西方之力，首先强加给全欧洲，以后也许强加给全世界。当时他是以人民的领袖和军队的领袖（这种地位是靠他一个人的力量获得的）这个双重身份，来表达关于国际统一的伟大愿望的唯一人物。从前犹太人曾迫使希腊人接受这个愿望，后来教会从罗马帝国方面承袭过来，而法国革命又正在从神学领域里夺取过来——同时破坏着一直在神学领域里保存下来的僧侣等级制——以便在废除各种等级制的借口下，把等级制设在政治领域里。拿破仑为了开始实施普遍民主政治而努力建立的等级制，并不符合需求和愿望，这并不是他的过错；甚至到现在，那些需求和愿望也不很明确。一个无法预见的、规模很大的世俗的工业制度还会使这些需求和愿望发生变动，趋于复杂化，有些方面会受到破坏，有些方面又会大有增加。拿破仑废除了一个世界——而且是永远废除。凡是像他那样相信人类的想象力伟大到足以创造另外一个世界的人，都认识到他朝这个方向做的努力并不是徒然的。我现在要谈到的是他那具有明显目的的一项努力。因为，就其他方面来说，他是不朽的。

在雾月十八日，他拯救了革命。当时不但从实际形势看，而且在人们的心目中，革命都像是注定要失败了。他依靠这一行动，以其在运用的方法上带有开明性和连续性的毅力，来替代那些尽管热切但方向和目的都含糊不清的信念。在他的时代之前,手段似乎是受感情驱使的、支离破碎的;而在他这方面,目的倒显得是受感情驱使的、支离破碎的了。在这一点上,他倒与那种无可无不可地组织世界的行径相一致。那种行径所采取的手段是严谨的,其目的则并不明确,因为尽管它知道那负有保全人生的使命的手段,它却不知道人生往何处去。

"我就是革命。"这话是没有疑问的,可是革命是什么呢?不管它的结局如何,革命在当时就是人生的精神所在。正是革命使人们宁愿处于可怕的不可知的局面下,不愿处于死气沉沉的停滞状况中;宁愿冲进暴风雨,不愿安安逸逸地呆在家里。这是人们在道德或政治的借口下所要求采取的行动,以便改变他们步伐的节奏。因此,他之所以得到力量,是由于他能具有那种精神。不管他用以推行穷兵黩武的帝国主义的借口是什么,如果他是朝着他所处的时代的方向迈进,他就是无可非议的。不管怎么样,冒着枪林弹雨,踏着冰雪,甚至当他一方面摧残着各族人民,一方面又摧残着那种想使各族人民继续受其约束的旧制度的时候,他自己的帝国主义就体现着并标志着人类的新希望——也许那仍旧是个幻想,然而正因为如此,它才是一种力量,即恰好与他走在前面引导着的那个世纪的精神相一致的力量。"我将做君主之中的布鲁图,共和国的凯撒。"人们这样觉得,正是他用高声谈笑的炮兵队的弹药车带来了自由之神。正是他指挥了这场气象万千的交响乐——人们也许不理解这个交响乐,然而它却能给他们的勇气带来必要的希望,正如对他的信念来说,他们的热情或他们的反抗是不可缺少的一样。在世界历史上产生了一个新的事实。它不再是像在雅典出现的派系与派系之间的斗争,或者在罗马出现的阶级与阶级之间的斗争,也不像是进入公元以来各王朝、各封建领主与教会之间斗争的问题了。毋宁说这倒像是十字军时期那样,是集体理想主义发生重大危机的问题:自有历史以来,这种理想主义第一次在一个有资格把它强加给全人类的人身上体现了出来。

谁也不要对我说这是一出喜剧。他把法律铭刻在石碑上,以便他死后它仍将存在下去。谁也不要对我说,他没有充分的力量加以左右的命运是他勉勉强强地接受的。这个命运使他有力的心脏跳动,激发起他的热情。"民主政治可能是狂暴的,但它是有情的,人们可以使它激动起来。至于贵族政治,它始终是冷酷的,它也决不宽容。"谁也不要谈起在那样的年代,那时他似乎是使带给帝国的那些理想听任他个人的命运的摆布,而帝国则像剑鞘藏起剑刃一样藏起那些理想。这一点瞒不过远处的各族人民,虽然被压迫的人们大声表达出他们的怨恨和反抗,那只是由于一个婴儿不经过大量的流血、不裂开肌肉是分娩不下来的。对于君主们来说,他永远是一种理想的化身。尽管在1809年他个人权势的灿烂光辉曾遮住了这个理想,以致各族人民无法辨认,然而即便在那时,正如在1796年,也正如在1814年,他也仍然是一个捍卫自由的战士。也许他是有史以来唯一享有自由的战士,因为他自己不仅仅满足于用言语、公式和消极的制度来捍卫自由,他还使它成为一股积极的、有条理的、组织严密的力量,同生命一样重要。这股力量就像现代世界的弹簧板和弹簧一样,甚至要迫使那些并不希望自由的人也加以接受。

第十章

他的使命

一

他为了要实现公民自由,为了要使人民对政治自由感到需要和发生兴趣,他建立了一个严整的体制,这个体制在某些点上损害了他用来作为基础的平等,虽然从法律观点来看,自由并没有受到限制,它却窒息了自由的精神和生气,这就是他的明显的错误。但为了使自由的原则与西方社会的思维和实践的习惯相结合,为了把可能实现的最低限度的自由纳入正在创建的结构,这样做无疑是必要的。"我毫不厌恨自由,"他在同邦雅曼·康斯坦的一次精彩谈话中说,"我并不厌恨自由。当自由挡住了我的前进道路时,我就要把它推开;但我很理解自由的意义,我是自由的思想哺育成长的。"[20] 要是没有他,立法会议和国民会议的工作没有一项会在执政府时期的混乱中保存下来;议会的空论家对政府制度和法律,像一群狗在争夺一堆内脏似的争论不休,那些咒骂拿破仑的人,攻击他从议会的空论家手中夺取了权力并把残存的政府制度和法律在社会实际里牢固地集合在一起,其实他们应当咒骂那些空论家,正是那些人促成了旧秩序的恢复——而旧秩序在当时由于人心厌倦要比十五年后的秩序自由得无法比拟——也正是那些人用倒退的秩序来对抗正在使革命垮台的血腥骚乱。凡是富有创造性才智的人物的特点就在于：他们用他们炽烈的热情，把他们那时代以前一直都是分散的所有一切需要熔铸成一个整体，并且激起那些像寄生虫一样一直在自私地利用那些需要的人的忿怒，而那些人在没有能力满足那些需要时，就会提议恢复否认那些需要的艺术形式。就拿破仑来说，正和伦布朗或德拉克鲁瓦一样，他们没有一个不能做到这一点。

他必须做出抉择，那是当时事实的真相。他也有这样做的精力。地方割据的自私的专制制度正在削弱和分裂他的人民，他毫不迟疑地代之以中央集权的无私的专政，使法国人民团结起来。他绝不是破坏法律秩序，而是重建法律统治。显然这是严厉的统治秩序，但它是公正的。另一方面，虽然人们会想到这一点，即当讨论《法典》的时候，前恐怖主义分子康巴塞雷就曾认为他过分偏向自由原则，但是他所建立的政治制度似乎过于僵硬，他所制定的规章过于军事化，他所提出来的法律对妇女和无产者过于苛刻，则仍是事实。但是，他必须在这根链条中铸上一个必要的环节，他必须在18世纪的思想已宣布为几乎是最后定论的基础上建立第三等级的权力。第三等级正在开始对历史进行最广泛的和最热情的积极探讨，正在进行潜力极大的经济扩展，正在探讨个人对于目的的最明确的定义；因为今天我们并不能充分理解这些目的，我们对这些就感到几乎有点神秘。现在我们的愿望和那时不同，我们不能理解他当时提出的那些设想。我们没有意识到，他也许已经预见到我们现在所看到的事情，他有我们不可能具备的那种精力，使他想要保持的和扩展的原则中所有一切现实的和有益的部分成为一个制度，虽然他所创建的制度严峻到使人难以忍受，但这是必须创建的制度。诚然，他采用的方法，甚至和恐怖时代的骚乱行动相比，也是很强硬的，但他的这些方法在其一贯性、统一性和逻辑性上是和谐的。他常说："*在法国，中央的势力太多：我宁愿看到在巴黎的权力少一些，而在各地区的权力多一些。*"几个月里他的组织机构就已建成，它自然还是临时的机构，但它却是完全适应当时的形势的。他在十五年里必须极力维护这个机构，防止一切对它的攻击。无论欧洲和法国都不认为他会设想出任何其他制度。

在我看来，他的政治理想的核心是在他从流放中被一个奇迹召唤回来以后的三个月里形成的，这类奇迹只有在一个不相信奇迹的民族中才会发生。当时他备受不幸的折磨，他已被自己的大多数朋友抛弃，他所封的王侯有的已经逃亡，有的躲在自己的堡垒里沉思默想，同他在一起的只有法国人民，他有足够的想象力使他的自尊心向形势低头，他把那些曾经反对过他的人以及就在前一天还侮辱过他的人召到跟前，没有抱怨和斥责，他向他们说明他的观点，他向他们论证他的行动是正确的，他讲话时所用的言词庄严简洁，语调虽然显出有点沉闷，有点悲观失望，但很亲切、崇高，并且富有信心，听他说的人深为感动。在伟大人物的所有经历中，从来没有比这次悲壮的会见更为动人的，我认为在场的阿道尔夫传的作者是窥见了拿破仑内心的真情的。那天晚上全世界的人不在那里听他说话，总使人几乎要对上帝感到失望。然而全世界的人当时会听他的话吗？他谈到和平与自由的时候，全世界的人会相信他吗？一个伟大的人物不可能也有陈腐的理想主义那些一时的幻想，当他的现实主义宣布准备试一试理想主义向他提出的方法时，他说过以后，人们就纷纷提出责难。他后来说："他们不能想象一个人会有足够坚强的精神来改变他的性格，或使他自己适应形势的力量。"

他们错了吗？对此我们将会知道些什么呢？他把自己也看错了吗？这是一场什么戏？

"我决定使我的行动符合未来的精神，这种精神是我和你们一样希望获得的。你们为什么不相信我的话呢？我受尽痛苦，我是真诚的……我所要的就是你们所要的。战争吗？我发誓，这将是最后一次战争。让我赢得这次战争吧，再赢一次，就这一次。将来在其他领域里，我要安排出一种你们意想不到的和睦生活。"

"不，我们是知道你的。你**就是**战争。你只会打仗。本性难移。自由与和平不是你的事。"

哦，真是可悲！

"我是诗人。我是复活和生命。你们根据我的过去和根据你们的未来来判断我的未来。因为你们是你们，而你们的未来只能和你们的过去相同。但我的未来是一种不可抗拒的力量，这种力量是从我的神秘的深处无止境地奔流出来的，而且它能创造出你们和我自己都猜想不到的新形式……"

因为他被打败了，他的殉难才被认可。这是因为他们再也不相信他了。

再问一遍，他们错了吗？正是他的神秘的深处，判定这位伟大人物对他自己和对别人都是永不可解之谜。虽然他自己是够英勇的，他敢于窥测这个谜的无底深渊，别人可是望而却步，飞快地偷偷溜掉了。可怜的人民，这种努力对于他们来说是痛苦的，而当这位诗人出现时，他们就议论他的虚无缥缈的空想使他们流出的鲜血。他果真使他们付出了血的代价吗？根本没有。只不过是断送了那无数群众的天真,因为他们的心里也有同样的神秘,他们仍然准备永远追随这个自信能够启发他们的人。

二

现在我不记得这是谁对我们说的,有一天在蒙莫朗西,这位第一执政官站在卢梭的墓前,仿佛是对他自己说:

"如果这个人从来没有来到人间,对法国的幸福来说也许会好些。"

"为什么会是这样呢,执政官公民?"

"法国的革命是他给铺平道路的。"

"我没有想到你会对法国革命抱怨。"

"你听我说,未来会揭示出来,如果卢梭和我都从来没有来到人间,对于这个世界的幸福来说是否不会好些。"

这是他第二次凝睇这个深渊,这是他的不安和他对他的使命的价值的怀疑,为谁造福?这是这样的一位人物的使命,他的一举一动都在创造戏剧,就是因为他是他自己,而他是在问他自己,归根到底,尽管他用来进行工作和建设的精力,尽管他那些决定他的选择的简单明了的理想,尽管他对他的工作的永恒价值深信不疑,而且这项工作似乎是必要的,因而他是以正直无私的精神来做这项工作的,他能使它产生美好的结果——这是不是一场可怕的游戏,而且到头来这是一场无谓的游戏,但他却是非常认真地对此全力以赴。有人议论拿破仑说,他是受到雅各宾精神的鼓舞,他可以说是"骑在马上的罗伯斯比尔"。但是,在我看来,这又是错误的。一个雅各宾党人永远不会说:"国家政府制度应当合乎民族的精神,应当合乎时代的形势。"

雅各宾党人的工作可以到处都是一样——在中国、在阿拉伯、在法国、在非洲、在德国、在印度、在美国、在英国。他们空想出一个以人的先验观念为基础的世界,这个世界每个方面都是由到处都是相同的抽象的人决定的。真正的创造者并不臆想出什么东西。他只用自行出现的材料,并按照他的想象力把这些材料结合起来。拿破仑如果实现了他的征服东方的第一个梦想,我不认为他会像组织法国那样来组织东方。但他完全明白,他只能根据革命来组织法国,而他心目中有了这一目标,他就充分利用能使他达到这个目标的所有一切手段。鼓舞所有艺术家的高度的怀疑论曾警告他,毫无疑问,他一旦去世,他的制度就会丧失最显著的品格:这就更有理由要把这个制度的各方面——指明并在广大和坚实的基础上来建立这个制度。他以他所特有的毅力和远大目光为这个制度的未来着想。如果不是由于在他死后的一百年充满我们心头的新方法和新需要大量涌现，这个制度可能会历六个世纪而不坠。但是，应当指出，那是因为他是拿破仑，米开朗琪罗仍然还在统治，仍然还在压抑我们，仍然还在伤害我们——因为他是米开朗琪罗。伟人之所以为伟人，就在于他纵使一手在摧毁前人的压迫方式，另一手却又在建立自己的压迫方式。

他不喜欢暴政，他一看到暴政就要把它摧毁。但他自己的暴政却使他不胜迷恋，因为从它所采取的那些决定中产生了一种无与伦比的创造力。他说："在所有时代，国家的第一条法律就是国家的安全，保障国家的安全就是国家的强盛，国家强盛的限度，就是人民智力的限度，而人民的智力就是国家的守护者。"这几句话说得够明白了。只要他还活着，革命就会活下去，革命就会沿着他所推进的方向前进，因为他所看到的没有别的方向，因为不存在别的方向。只有他是足够坚强有力来挽救正在下沉的革命，把革命拉到岸边来，用强劲的手把革命轻轻提起。但是，且慢，他没有任何幻想。让我们再引用一段他所说的话："你是否知道我在这个世界上最向往的是什么？强力并不能组织起什么……法国永远不会容忍以刀剑来统治的政府。那些相信可以这样来统治的人是大错特错了。要使法国蒙受五十年的屈辱，才能使这一点成为可能。法国是一个太崇高的国家,是一个太有才华的国家,它不能屈从于物质的力量,不能容许在它的国境里出现武力崇拜。……从长远看,利剑总是要被才智所击败。"[21]

这是他改变主意吗?这是他的悔恨吗?就我来说,我不认为是如此。当人家告诉一位艺术家,他所创造的形式作为未来的形式的出发点将是有用的,这位艺术家就会是这样说的。然而这是什么样的未来?一个世纪或十个世纪算得上什么?或者一百个世纪又算得上什么?耶稣和我们之间相隔的时间,只有埃及的狮身人面像和耶稣之间相隔的时间的一半,而耶稣的精神正在日渐磨灭。在伟大心灵的深处,有股极大的忧伤,而他们的极大昏狂只是他们的意志对他们的直觉的不断胜利,而他们的直觉对他们的权力规定了界限,其所规定的那些界限甚至要远在他们死了以后。为什么要那么大惊小怪?为什么要流那么多的鲜血?为什么要进行那么多的活动?……"如果卢梭和我都从来没有来到人间,对这个世界的幸福来说也许会好些。"但幸福可不就是世界的死亡吗?在摩西之后、在耶稣之后来到人间的卢梭和拿破仑不是有一个超过前两位的使命的使命吗?而且他们的使命不正是要推翻这个幸福,并且是要用上帝授与他们的一切手段——愤怒、爱情、背理荒谬和战争——来防止人们的心陷进使人死亡的流沙的吗？难道伟大心灵的忧伤并不出自他们的感情，而愤怒有如背理荒谬，爱情有如战争，只不过是在永恒面前地位平等的、能用来使世界取得一种它们自己所没有的幻想的手段吗？人的伟大实际上或许只是在于他根本的悲观主义和他想决定未来的强烈愿望这两者之间的一种十分显著的差异。他顺从这种伟大，把它看作他天性中的偶然成分。

三

他的怀疑已经克服，他的抉择已经做出——大力促进公民平等，促进公民平等所要求的政治自由向前发展，促进宗教自由，把这一切纳入根据革命来塑造历史的各项政治制度的严格轨道——不存在要讨论它们是否合乎时宜、它们的方法和它们的形式的问题。现实主义者对各政党的态度和他对宗教所采取的态度不可能是不同的，而且究竟什么是政党，不就是正在衰落的宗教，或正在形成的宗教，或没有发展前途的宗教吗？……他说："一个人必须为群众利益治理国家，不必考虑这样或那样的事会博得这位先生或那位公民的欢心……卓越的人物高瞻远瞩,因而他是超党派的。"[22]

听他说这些话时,人们是否会觉得好像在听一位画家说话一样?画家的那幅画在其一切细微的笔触被人揣摩以后正在受到评论——有的认为这幅画太无生气,有的认为画上鲜明和暗淡的色彩中间部分不协调,有的认为缺乏情趣,有人说线条过于生硬,又有人认为布局拙劣,然而还有人认为画的主题太纤细或太粗犷——但只有他自己这个构思这幅画的人,他从整体来看,自然也把这幅画的错误和缺点一起来看,这幅画仍然是调和的,逻辑地构成的,基本上反映了那个时刻、那个时刻的需要和精神对他所抱的期望的要求。他独自一人自由地来判断它——虽然他是受他的天才所驱使来构思成它现在这个样子——不是通过他自己的兴趣、他的热情、他的抚爱、他的个人遗恨的眼光,而是以他那样的一个人的建设性的智力来构思的,他知道如何立即捉住所有一切方面的问题的最复杂之点,像从厚岩体里取出的物体一样,先把它弄得精纯一些,再加以精雕细琢,然后把它放到阳光之下,使它成为人人可以看到和人人可以感觉到的中心,并且在这个作品里,人人都能看到其活动的开始与终结——他独自一人会把他的所有日日夜夜的时间花在这项工作上,为这项工作牺牲他的舒适、他的安全、他的幸福,而且最后不惜牺牲他的生命。我知道也有许多政党人物，他们甘愿牺牲自己的福利，但是，推动他们这样做的是一种交错的感情——一个奴隶的心情，狭隘、片面、狂热、极度消极、满腔盲目怨恨，无力在建筑一座大厦时把什么是应该建筑的显示出来，而只会用到处和永远是正确的话来显示。拿破仑说过："最不自由的人是政党人物。"

有几种方式可以超脱各党派之外——或置身于各党派之下，或置身于各党派之上。前一种方式是现代民主国家多数政治领袖所采取的方式，这个方式是跟当政的党走：这类人的权利，也就是他们的能力，使他们别无其他选择。后一种方式却是极为罕见，而且作风迥不相同，因为在采取这种方式的人身上，首先要求他具有崇高的品格。有路易十一所用的方式，他生活在野蛮激情的时代，处于各猛烈狂热的组织中间，暗杀、窃国、破坏条约乃是司空见惯和公认的事情。这个方式无非是利用激情使各组织火并，有如一个人使用棋盘上的兵卒，不存在良心问题，随时随地心目中只有夺取实际利益。有凯撒所用的方式，他在两个几乎是势均力敌的极端对立的两党中间温和地但却是坚定地向他的目标前进。有时从这一党、有时从另一党取得让步或支持，对于两党的历史必要性和两党各自的创造能力的局限性有惊人的理解，驱使一党反对另一党来保持两党的均势。有拿破仑的方式，他是在各党的过度狂热已经消退、各党的精神萎靡不振已经感染整个民族和败坏整个民族的时刻出现的人物，他决定无视这些政党，并且通过这种蔑视来压制这些政党，并把它们置于他正在进行建立的公共纪念碑的同一模子上。这三种方式中，最后一种是最困难的方式，无论如何在性质上可以这样说。因为路易十一是国王，凯撒是罗马最大的一个家族的成员，而拿破仑在他开始这项艰巨任务不到四年以前，根本算不上什么人物。他的事业也是最不容易持久的，因为当这位巨匠消失以后，各党人物又是胃口大开，而他们的饕餮由于拿破仑迫使他们斋戒过久而愈益加强。这个方式是最有成果的，因为一个伟大的头脑控制住各政党，这个头脑能以他们无法否认的个人和声来使他们默默无声。无论如何，这是对一位铁腕政治家提出的要求，在其他各个方面，他不凭借恐怖行动，而只根据法律——这确是够严峻的——他对待他的部属既极为公正又极为严厉——他的计划中所体现的无比勇敢、无比警惕和始终如一。"治国比作战要有更多的品格。"

四

确是如此！你窥探一下他的内心深处，就会看到一方面是他的内心怀疑，他以这种怀疑来正视他的任务；另一方面是他的决心，他以这种决心来完成这样的一项任务——完全的、首尾一贯的、宏伟壮丽的——正如一位艺术家那样，他十分明白，时间将会消蚀他所创造的作品，但他宁愿受苦受难、毁掉自己和死亡，而不愿瞻望那没有把这个作品创造得完美无缺的前景。人们一想到要把那么多的矛盾和对立的利益调和在一个形式里所需要的脑力和体力，心头就会充满着恐怖。随着一座宏伟的纪念碑刚被摧毁——已经完全被摧毁，而它的破碎石片仍散在血泊和污泥中——建立一座新的独立的纪念碑，在外表上要和那座经历一千五百年时间把每块石头都安装、建筑和雕琢过的纪念碑一样——历史上从来没有记载过这样大胆冒险的尝试。蛮族把从他们自己的国家带来的古代文明及其全部完整结构安置在一些城市的废墟上，并且用暴力拿这种文明来替代他们所推翻的文明。但是这里没有什么东西是值得比较的。"王位是无法修补的。"这是一个把未来同过去、把西方同东方、把北方同南方、把民主制度同贵族制度、把传统同革命、把神授王权同人民权利熔铸在一起的问题。而且——有一件事应当提一下——这个目标在这个时刻无疑是空想的,不是要使死者复活,或在干尸上搽上香油,而是使人民的权利成为神圣的,使革命成为传统,使民主制度日趋尊贵,使统一地球的核心日益坚强,使过去时代的衰朽力量在未来的水源里重新焕发出青春。他必须在深谷上面建一座连接两岸的拱桥,在暴风骤雨中把它飞架在深谷上面,飞快地把大石块粘合在一起,同时又要用划破的双手击退猛禽的不断袭击。

他实际上是在重温古罗马的旧梦,这个梦想是西欧历史的脊骨,并使西欧牢牢站稳,他以新神秘主义的原始精力重温这个旧梦,突然地并且以坚定的直觉的深度,他察觉到这种新神秘主义的全部构架是可以理解的。他抓住一件空前大事的时机使工作和热情恢复拉丁思想。条顿族王朝的强大和分散的组织已沦为废墟,并且亨利四世、黎塞留和柯尔贝曾试图修葺,他却以18世纪所要求的那种具有萌芽组织的坚强的拉丁统一来加以替代。他在这个拉丁统一上面添上一个形式,这个形式虽然过于固定,但对那些掌握政权的人无疑是必要的,如果他们想要具体地完成他们重新整顿这个世界的使命的话。他是拉丁族人,他按拉丁族人那样来思想,也就是说,像一个建筑师那样来构思。而且他只有在法国才能够为他的这项任务找到土壤、材料和工人。

在法国全部历史里,法国只有这项天职,别无其他天职。对法国来说,这项天职始终是一个要以个人的形式把地中海民族的才能和条顿民族的才能平衡起来的问题。法国的地理位置使它成为西欧各族人民的交通要道,这不是它的过错。有史以来,日耳曼部族和从维斯杜拉河到黑龙江的大草原上的游牧人群相率而来,不断地威胁法国,或者竟渡过来因河,焚毁法国的市镇,按照他们战歌的节奏踏平法国地上的庄稼,这也不是它的过错。法国的西部海岸是在斯堪的纳维亚人南下到南方海洋的通路上,并且像奉献的牺牲一般,从布列塔尼的悬崖峭壁上俯视,在那里,海盗在他们的心中怀着海浪和繁星的诗情,正在注视渔船和战舰通过,这也不是它的过错。从远古时候起,努米迪安人、迦太基人、伊比利亚人、阿拉伯人从比利牛斯山的峡谷蜂拥到法国平原寻找绿洲,在河畔湖边和棕榈树林中掠夺羊群和建立清真寺,这也不是它的过错。法国的南部海岸经常可以看到从太阳升起的一方出现蓝色、绿色、红色和橘红色的船帆,在那些五色缤纷的船帆下面,腓尼基或希腊水手目不转睛地望着群集在浴场周围的姑娘,意图硬把她们掠走,或者用绚丽的壁毯、玻璃器皿或小圣像来换取她们，这也不是它的过错。在袭击高卢森林的罗马军团涌来时，在袭击伦巴底各城市的联队撤退时，高峻的阿尔卑斯山隘口让手抄本、绘画、雕像、金器银器运出去，这也不是它的过错。在用利剑来抗击武装入侵和用智力来挡住精神思想入侵的纷乱的戏剧里，在收获甚丰的战败里和损伤很大的胜利里，能在它自己的并且是由它的血泪凝成的文明中不断地重新发现那种才智，这是法国的光荣。那种才智欢迎所有这些喧闹和动乱，它可以把这些事物和谐地组织在它的心灵里。

这场几乎从未间断的悲剧是法国存在的理由，或许还是它产生创造力的必要条件。就是由于这场悲剧，它才获得了支持它生存意志的精神平衡，而当冲突一平息下去，它似乎就丧失了这种精神平衡。忽而被拉向这边，忽而又被拉向那边，一方面受到北方的影响，条顿族封建主义所创造的富有神秘思想的群众的浪漫的、音乐方面的、泛神论的影响；另一方面受到南方的影响，拉丁贵族制度作为一种特权等级制度来管理的和规定的共和制城邦的理性主义的、建筑方面的个人主义的影响；然而法国在它的政治体制中依然受制于它们两者之间的对立，在它的艺术中依然实现它们的和谐，而在形成法国艺术的两个流派之中，有一派总是占优势地位。

地中海民族的精神设计出公社和大教堂，但是条顿民族的入侵所造成的、后经法兰克人巩固下来的百卉争妍的局面是如此兴盛，以致贸易、树林赞美歌的杂乱的喧闹声，把古典壮丽诗篇淹没在无名氏的抒情诗下面。由于15、16世纪一再侵入意大利并从那里凯旋归来、而在士兵的想象中和带回的掠夺物中被打破的均衡状态，在那个时期又重新建立起来；这段时期，无论巴斯噶的忧伤、拉辛的和谐、笛卡尔的分析或高乃依的伦理道德，都没有能够掩盖住高乃依、笛卡尔、拉辛和巴斯噶要使欧洲北方感性才华服从南方对仗工稳的诗律的强烈欲望。在继此以后的一个世纪，对古典诗歌发生新的决裂，在由瓦托、狄德罗、卢梭和孟德斯鸠所代表的违背常理的努力中，似乎是在条顿精神本身中寻求武器，并用这样取得的武器反对条顿封建主义；这种趋势发展到了顶点，就是先是用革命手段推翻代表封建主义的君主政体，继而是拿破仑力图以拉丁王朝来替代法兰克王朝，让拉丁王朝成为一个统一的和合法的文明的监护者来对抗封建的和神权的文明。在这个笛卡尔的分析的世纪、百科全书的世纪、在法兰德斯重新发现色彩调和的绘画的世纪，无论克尔特人精神中新的那一份重要性和源出河流、海洋、朦胧的森林的精神的重要性大到什么程度，无论它对继之而来的浪漫主义的坚持大到什么程度，拿破仑使法国在此后一个世纪中承担了必须依靠拉丁式建筑术以建造坚固的高楼大厦的义务。罗马的人民没有弄错，当他的傲慢使他们蒙受永久的屈辱时，他们用下面几句话来安慰自己："我们加在蛮族头上统治他们的，终究是一个意大利家族……"

因此，这才形成了这个处于两个时代、两个世界之间的怪杰的无法猜透的性格，他只是靠像出生那样先天注定的意志，试图把这两个时代或这两个世界之一的血肉组织到另一个时代或另一个世界的骨骼的周围。因此每当人们回忆到他的时候，总是怀着过分慌乱的热情和过分明确的仇恨。这位英雄是一个人；但没有人愿意赞同这一点。这个无神论者是个神秘人物；但没有人肯承认这一点。这个诗人是逻辑学家；但没有人同意这一点。这个军人是个法学家；但没有人会相信这一点。这个民主主义者是个贵族政体论者；但没有人理解这一点。最后一点是首要的和高于一切的。平庸的思想上的贵族政体论者由于拿破仑的思想和民主主义者相同而不能宽恕他。平庸的注重行动的民主派则由于拿破仑的行动和贵族政体论者相同而不能宽恕他。他的存在侮辱了王位，因为他让自己坐在所有王位中最高的王位上来论证所有王位的由来。他这样做虽然提高了各国人民的地位，但也屈辱了各国人民的暂被指定的领袖，迫使他们把自己的虚弱掩盖在伪装的德行之下。没有人能解释拿破仑的行动，因为他是唯一敢于像他既往已经干了的那样来行动的人。任何时候和在任何形势下，他都强迫人们让他说话，目的是为了能以行动或以像一篇杰作那样一字不能添减的言词，让人们看到他的不可思议的命运的一切矛盾。"我是人民哺育成长的军人，是革命的产儿。我不能让人家把我侮辱为一个国王。"

第十一章

他的使徒之职

一

　　这个同野蛮人争占高卢的罗马天主教徒，由于他非常懂得高卢是西方命运的中心，才一心一意地要在西方实现"罗马式和平"的统治，这种和平是那种遍布各地的军团用平息本地的争吵、维护法律和秩序以及警戒行动所制造的。这是一个巨大的梦想，可是较之那种想通过一致同意来达成一种能产生感情效果的和平的梦想，其无法实现之程度或许还小一些；因为这种同意包含狂热的和理想主义的激情在内，一旦一致性消散，这种激情反倒会导致战争。然而，这个梦想却预先假定：人们从悠长的生命中获得的美德，能始终保持完整无缺。但无论如何它是人类社会环绕着旋转的道德轴线的两极之一：巧为运用的刚强和捉摸不透的温柔，可望达到互相平衡，不过它们相互之间的反作用周期性地制造着战争、革命以及那种会使人类打破停滞局面并驱退死亡的一系列连续不断而富有成果的戏剧性事件。这个梦想的特点，就在于使拿破仑能同基督分庭抗礼的那种根本的、不妥协的激情。

按他自己的话来说,他所萦萦于怀的事乃是"欧洲的重生"。他说:"各族人民无论如何必须加以拯救。"他要的是普遍和平,废除一切疆界,可是他的敌人并不要那些东西,甚至连想都没有想过。他们正在东一把西一把地到处放火,而他却想将火永远扑灭。而且和平有可能施与,他希望各族人民幸福;他希望他们能由现代思想和现代需求来治理,并能对他们带给自己的或是他所带给他们的那些制度感到满意。因为他深信,带给他们这些制度正是他的职责,而且他们也是期望他这样做的。他怀有奇怪的幻想。他以为如果他使西班牙人获得了平等地位,所有西班牙人都会站到他这一边来。其实西班牙人对获取平等地位并不关心。他以为如果他能粉碎封建制度,日耳曼人便会把他视同救星,欢迎不暇,虽然事实上日耳曼人很珍爱封建制度。他更认为,如果他能攻占伦敦,并在那里宣布成立共和国,废除贵族院,还政于民,以及实施人权法案,英国也会拥护他。各族人民是同他站在一起的。他这样觉得,也这样相信,并且还以一种激昂慷慨的断然语气把它表达出来。他这种语气有时候几乎到了令人感动的程度,它像古希腊一位行政官的号令一样,似乎要命令历史按照他的路线前进。[23]"我要以我过去安排我们自己国内各方面的联合时所采用的同样方法,来对欧洲各巨大利益集团的联合做好准备。……我对各族人民一时的议短论长毫不介意,因为我确信最后他们将毫无疑问地站到我这边来。……这样,欧洲很快就会成为一个单一的国家,任何人不管他旅行到哪里,都会感到他始终仍在自己本国的土地上。这一合并迟早将迫于形势而出现;推动力是存在的,并且我相信,等我不在了,等我的体系消失之后,除非各大国进行合并组成联盟,不然,欧洲将不可能有持久的平衡。"[24]

你们还相信这是继天主教徒的幻想之后,而居于社会党人的幻想之前的雅各宾派幻想吗?可是不管怎样,请注意,这些幻想中的每一个幻想已经、正在或将要在带来幻想的急流逝去后,遗留下坚实的沉淀物。也请注意他用的字眼是"利益"而不是"主义"或"权利"。此外,再请注意他只承认"两个民族,东方民族和西方民族",这就预先假定了——他在开罗和巴黎时的态度已经表明了这一点——他那着重实际的观念同纯雅各宾主义的着重理论的观念是彼此对立的。纯雅各宾主义从抽象方面立论,它以各种意见把它所轻视的事实包围起来,就像筑起了一道壁垒一样;它对一种现存的宗教或君主政体,否认其必要性及其存在,需要否认到什么程度就否认到什么程度;可是拿破仑从事实出发,循序渐进,确是希望把西方联合起来。不过他很明白,在西方之外,有另一种神秘主义在支配局势,他的朋友亚历山大正是这种神秘主义的前卫,而且这种神秘主义已形成了他所希望施加给世界的巨大的均势中的另一要素。请注意,他是认识到区分人类社会的集团的那种人种特征的,因为他希望把其中"每一民族都建成一个单一的、同族相聚的国家"。最后一点,请注意,不论他到什么地方,即使他对各民族各自的特殊激情有所误解——在西班牙、意大利、德意志、波兰,甚至俄罗斯,他的行踪所至都在当地民族身上留下了血痕——他也总能激发起一种较为广泛的激情,这种激情时或在这里摧毁宗教裁判所,时或在那里准备废除农奴制,时或又在其他地方唤起要求未来政治统一的冲动和欲望——这种统一对法国来说确是危险的,它永远是它自己传播的各种丰硕思想的牺牲品,可是这种统一对作为他的梦想的西方有系统的组织结构来说,却是必不可少的。他的行动如同投下石子的水面那样,是以同心圆的涟漪的形式朝外扩展的。他的行为像所有强有力的行为一样,超过了所要达到的目标,至少是超过了看得见的目标。他对埃及的远征唤醒了非洲和东方。当他把布拉干萨人驱逐到海那边去的时候,由此产生的刀剑便命定要用来挥向美洲了。在1808年以前,全世界都把他看作由法国大革命开创的新纪元中武装的先驱者。要知道他对这一情况也是充分了解的。

有一天他写信给菲埃韦说:"我是在以欧洲为对象来考验我的力量。你是在同大革命的精神进行较量。你的野心比我大,可是我成功的机会比你多。"

二

应当承认,他的手段就是打仗。不过,谁敢说在这样的环境下还能有任何其他手段呢?他喜欢打仗,这也该承认,因为他比其他任何人都更赋有战争才能。可是人们敢说他在断定战争已完全达到目的时,并不总是具有结束战争的力量吗?伟大的美术家知道自己比他们所掌握的材料来得优越,并看出自己能利用那种材料做出无比辉煌的贡献,他们犹如陶醉于茫茫沙漠中的雄鹰,展翅翱翔,可是仍不得不盘旋着地,为其飞翔觅取养料——拿破仑的态度正像这些美术家一样,难道他没有从原则上对战争表示不以为然吗?他说道:"战争是一种时代错误……凡是想扰乱欧洲和平的人都想挑起内战。"渴望战争的正是他的仇敌,并不是他。不管怎样,他是这样相信的;而既然他所具有的较其仇敌更为强烈的、并且也要求打仗的激情使他超出了他的仇敌的狭识管见和微末得失,他就先发制人挑起战争,以免为敌所乘。在发动战争时他先发制人,在战争中首先开火时他也先发制人。

事情几乎都是这样地发生的——他同奥地利的两次战争,他同普鲁士的战争,他同俄罗斯的第一次、或许也包括第二次战争,都是这样。当他怀疑他的仇敌正在韬光养晦、摩拳擦掌时,他就跳上去掐住他的脖子。他就进攻,而不问能否不必进攻,能否克制自己,观望一下形势或接受对方的让步——所有这一切做法都会破坏他的体统,而且会刺伤他的自尊心。他毫不隐讳地耽于幻想,就像那恰恰由于没有察觉道路上的陷阱、只是凝神注视着音调和线谱的和谐或人类的幸福而在自己周围播撒死亡的诗人和君子。他在1806年说道:"这场战争必须是最后一场战争。"在坎波-福尔米奥、亚眠、普雷斯堡,当欧洲在腥风血雨的大混乱中挣扎时,只有他一个人有毅力断定必须结束这一局面,并以他的头脑和精力提供了结束的方法。只有他通过全面的观察认为战争是不朽的伟业,这种伟业不在于一役之胜而在于谱写一篇浮想联翩而始终押韵的、气魄宏伟的政治诗歌;它涌源于他的心底深处,他锲而不舍,使其在诞生新现实和新理想的创造性想象力连续处于梦幻境界的状态下,达到一个完美的结局。

事实上，在1792—1815年之间只发生过两次战争：一次是保卫大革命的战争，那一次战争使得大革命能在精疲力竭、肌裂骨折的极其紧张的情势下，向欧洲、也向它本身显示出维护其政治上和道义上的既成事实的决心，那些既成事实是由其万众瞩目的诞生证明为理应存在的东西，而为《亚眠和议》在承认大革命时所确认了的；另一次是发展大革命的战争，它把恐怖时代带到了法国的疆域之外，使那些既成事实传遍欧洲。这次战争是波拿巴在1796年的防御时期发动的，他把这次战争一直进行到耗尽其全部合理根据，且在兵抵马德里、维也纳、罗马、柏林和莫斯科等地之后，由于它在最后一次分娩中力竭体衰而终于死亡的那一天。在这两次战争期间燃起的或熄灭的所有附带的战火，不过是那四分之一世纪的争斗中的一些插曲。在那场争斗中，大陆封建主义站在反对萌芽中的法国民主制度的一边，而特别是英国的寡头政治面临着法国的经济竞争。经济竞争是法国的当权者威胁着要用来反对英国的。

当其全部盟国已被逐一击败并正在裁减军备或装作裁减军备之时，英国却进行了并延长了一场旨在倾覆法国于欧陆的战争，于是，旧敌刚倒，又树新敌。这真是一场剧战！拿破仑走遍欧陆以与英国相搏，可是英国总是避开他。由于他只能在陆地上打击英国，他就把它一直追到莫斯科，企图以莫斯科为基地，追踪英国进入印度。他不许英国在欧陆插足，将其水口河道尽行封锁，把英国赶往葡萄牙和西班牙的港口，像置之于狱中那样把它禁闭于海中。这样做，或许是为未来的斗争设想出了一项最有效的方法。众人被熔化于锅炉之中，英国却在锅炉外面看着他们被烧死。一名士兵给一枚金币，一团士兵给一袋黄金，一个国家给一吨黄金。这真是一件大事，因为为此须耗费巨大的精力：英国不得不勒紧裤带，派战船巡逻四海；它不得不忍受这种令人极端厌倦的处境达二十年之久，它不得不抛开它的怀疑，掩饰它的疲殆，否认它的绝望。这是一件大事，因为它想给予致命一击的那个人正独自在海岸边上，望着几艘战船在他的盛怒下扬帆远遁，在他背后的十条狗，他一转身就能对付它们，他只要一瞪眼就能把它们赶跑，反掌一击就能把它们击倒或驱回狗窝，然后又得重新对付聚集得更多的狗，他的手腕和大腿被咬破，鲜血滴落于雪地和尘埃；而在这整个时间内，他的可望而不可及的仇敌——他所意识到的唯一仇敌——却在嘲笑他，它知道他打不到它那里，它眼看着这个巨人越来越贫血，并知道死亡正在步步接近他的心脏。他在海湾边缘绕了一圈就跑了，以免跌入海湾之中。"他认为自己如果站着不动，是会跌倒的。"

他错了吗？他错不错，我们怎么知道？我们终究能知道些什么呢？事业延续，总是新旧替迭，不断更新。拉丁主义并未在击败条顿主义于普罗旺斯和伦巴第两地之后就此罢手：它不得不对未来的入侵防患于未然，它必须横渡来因河，直驱丛林深处。条顿主义则在战胜了拉丁主义于瓦路瓦平原之后，曾不得不继续追赶，将之驱入鲁埃格山和阿尔比让斯山的崎岖峡谷，以求斩草除根。若不是大革命不停地扩展，拉丁主义早已像无薪之火那样，熄灭于该处了。拿破仑的战争呢？他说道："难道这些仗是我要打的吗？难道那不是为环境所迫而造成的吗？不用说，这些战争总是过去同未来之间的斗争的一部分，而且我们的敌人由于结成了长久不变的联盟，就迫使我们不得不去征服他们，不然我们便会被他们所征服。"爱默生说道："拿破仑像所有明智人物一样，认识到创业需要花多少精力，守成也需要花多少精力。"

正是这一原因使他永远成为一个戏剧性人物。他掌握着谁都不曾有过的、最充足最精良的材料，有十个国家跪倒在他跟前，教会成了他的奴隶，还有庞大而狂热的军队——他运用起军队来就像一个决斗者手持最轻巧最柔顺的宝剑时那样得心应手——可是他却感到自己似乎是浮在孤独之中，他成了一个当世的不合时宜的人物，纵使由于他的性情具有异常的力量而为他那时代所必需，他也成了一个现存的同每个时代格格不入的人物，因为他蔑视机械的习俗和有害的爱好；对于那些曾结起盟来反对他的、往昔强国的可怕惰性来说，他又成为一个活生生的对照。战争是不够的；和平、法律或秩序也都是不够的。如果他不在各方面把根子深扎下去——直入各种偏见、习俗以及世界上仍未满足的欲望之中——使之长入最底下的土层去巩固基础觅取养料，那么他就根本支配不了作为对世界进行精神统治的手段的物质统治。他说过："在我所梦想的人人安乐幸福的和谐之中，如果在我的人格和我的权势中有缺陷的话，那就在于我是从平民群众中猛然崛起的。我是意识到自己受到孤立的；所以我向四面八方抛出安全锚，使之沉入深深的海底。"他要各国君王为法国大革命办事。他把他所封任的王侯同当朝的王族相混在一起，冒着他的体制紊乱的风险，使那些王族受制于他的体制。各君主政权对他怀着深深的敌意，他所进行的战争仅仅是以联姻和结盟作为捆住那些君主政权手足的手段，这样做就会使他们对他为了征服未来而想筹组的西方民主制度承担责任。他自己同奥地利联姻就是出于这同一考虑，其中交织着自尊心、政治利益以及各种涉及未来的、流传极广的想法。他这个似乎想单刀直入地一举而达到目标的极其罕见的天才，是由相互排斥、相互矛盾的性格构成的，虽然他的光辉业绩和荣誉看来都已确定无疑,他的心底深处却沾染着血迹。这位伟大人物永远有若干托词来为他的行为辩解,而那些对他进行分析的人就把这些托词单独取出来,看作是他的唯一动机。然而,随后当这位伟人回顾他走过的道路并想解释他的行为时,他往往无法明白自己当时为什么那样做。事实上,产生他那些托词并使之符合需要的,只不过是他的权势;而他的托词实在仅仅是他的艺术作品的主题。[25]

三

战争、和平和封锁;人们的激情和各民族的激情;他自己的激情;所有这一切他都能以一种极其协调的力量加以耍弄。这种力量凭它自己的实质成长起来,并且是光按照它自己的命运来观察世界的命运的。法兰西,他的情人,从未辜负过他,可是他却经常在粗鄙、草率的声色之娱中辜负了她,只把法国视作充饥之食,尽管她永远是他最钟爱的人、他唯一的情人;尽管他总是回到她身边,依靠她一个人,而当他在经过一场激烈的战斗后遍体鳞伤地归来时,也只能见到她一个人来抚养他。

他轮番攫取各个国家，或凭借自己的盛名，或通过战争；他对她们或施以恩惠或予以责罚；他逐个地使她们受孕，始乱终弃。正如接纳过男人的女子经常发生的那样，在她们离开他的怀抱之后，身形有了变化，精神境界也更广了。

他向欧洲各国人民揭示了他们自己的真面貌，这是否他的错误或罪过？这是一个不会有结果的争论：不错，法国付出了代价，可是那是他的历史使命。那也并非各项使命中最不崇高的一项。现代欧洲，通过法国经常提供的令人恐惧的传教士，在得以开始熟悉自己这一点上，是应当感激法国的。在拿破仑时代之前，除了英法两国之外，没有一个欧洲民族具有民族意识。人人对于诸如自己隶属于这个人还是那个人，死于这个主人还是另一个主人之手，自己血管内奔流的血是否与别人的血相同等问题，多半漠不关心。拿破仑来到了，他一来，一切都改变了。那并不是由于他依靠了说服或仁爱。正好相反，他通常是不相信初生的民族精神的。他把德意志分割为很多小块，他又十多次兴之所至地把它们联合起来，无疑是由于他深信爱国主义是这类贫弱的国家闻所未闻的一种奢侈的情操。这类国家无论如何是无法抗拒他想带给它们的政治利益的。但是恰恰是靠了这一不停的分裂，才使德意志破天荒第一次认清自己。拿破仑从小就受到反对西班牙宗教精神的强烈教导——这件事使得西班牙的精神统一,第一次在西班牙人的灵魂中复活。由于第一把触及俄罗斯心脏的剑正是他的剑,因而使那颗不知自己之存在的、呆滞的心脏加速搏跳的,也正是他。多亏他,才使意大利自从罗马陷落以来第一次将其支离破碎的领土拼凑在一起。

文艺复兴向人类透露的个性,是通过他,并且是为了未来历史的需要,而在人群中出现的。而且,靠了另一次使命,还找到了人所共有的、也是为各种人群所共有的一种精神个性的根源,他却企图将这一根源为时过早地强加于他们。拿破仑在晚年时说道:"欧洲不久将改组为至多两个敌对的集团;它将不再以民族和疆土来划分,而将以肤色和主张来划分。谁能预言未来会发生什么危机呢?谁能预言继之而起的风暴的久暂和详情呢?但是,其结果肯定是清楚的。这个世纪的才智是不会倒退的。"这是哲学家的弟子在说话。我是不宜对他说的这些话任加褒贬的。咒骂大革命是容易的。镇压大革命就不那么容易了。大革命是一桩历史事实,其后果无论是好是坏,无论令人安心或令人恐惧,仍在继续发展,而且必将继续发展。拿破仑之伟大就在于:他知道当他初露头角的那段时期,如果他想在他的雄心伟业中不被马上击败并从此一蹶不振,他就必须利用大革命,指导大革命并使大革命得到协调。这倒确是参加1815年维也纳会议的那些君主们和外交家们的意见。那些可怜的蠢人在那里为了他们心目中的九头妖已被砍去脑袋而额手称庆。而当他们听说此人已再度踏上法国国土的时候,竟惊恐若狂,就像驯兽人来到时兽苑中的景象一样。然而他仍是孤独一人。整个欧洲依然枕戈待旦。可是大革命,正好像接触到母体的安泰巨人一样,已经重新诞生了。

四

拿破仑行动中的这种一贯的、具有历史必要性的迹象,既说明了他的过错也原谅了他的过错。因为,如果他不是他那样的拿破仑,那么他或许就会仅仅保持两座皇位,最后在一片喧喧嚷嚷的敬仰声中死于蒂勒利宫。他说过:"我失败的原因就在于我自己,而不在于别人。我就是我自己的主要敌人,是我自己的不幸遭遇的制造者。我想包揽的事情过多了。"在这一点上的确是他的过错。这一过错虽然毁掉了他,却也许拯救了世界。合并了低地诸国和汉撒同盟各都邑之后脱离其轨道而移动起来的新法国是过于庞大了。俄罗斯过于遥远,西班牙过于牢固。而且要记住,这一切是同一时间内的情况。他的政策铺展过广,人力物力不敷支配。他的军队逐渐患上了贫血症,并已被所招募的外籍士兵降低了素质,变得士气不振;他的大棋盘上的卒子都摆得太远,以致他无法好好照料。他的通讯又传递得太慢,使他无法将他的命令在能发生作用的时候及时送达大棋盘的边缘。这一切是同一时间内的情况。当他向维也纳进军时,他还想继续把持住西班牙。甚至当他向莫斯科进军时也是这样。很明显他确是那样想的,可是他敌不过命运。所以在1809年,当他正处于权势的顶峰之际,当康巴塞雷写信祝贺他新年快乐时,他复信道:"如果我想再给你三十次向我祝贺新年的机会,我就一定得更聪明些才好。"几个月之后当他已打败西班牙的时候——虽然到那时为止还没有一次战争是能够归咎于他的——实际上可以说在继之而发生的迫害方面有他一份,他那以发动战争来防止战争的方法使他失去了自制而陷进了战争之中;他脚下似乎开始地崩土裂,因而他就像舟毁落水之人抓住水草那样紧紧地抱住战争不放。他是欧洲命运的仆人,而且注定要听命于命运。

如果环境的命数曾引导他去到处进军的话(不管怎么说,他的军队总是一支解放力量),那么难道他不能等候时机吗？譬如，先倾注全力完成西班牙战争，然后结束奥地利，然后稍加喘息以召集其人马，并促使对其交通设备和根据地进行一番较长时间的仔细整顿，然后再着手对付神秘的俄罗斯，而让西、奥、普、英殿后。这样做难道不行吗？毫无疑问，不行。他是像一块从山坡上滚下来的巨石，一路上滚裹着积雪，最后反而受阻于积雪无法再前进了。得意和权势使他目眩神移，头重脚轻，他不再能看清楚他的行动同神圣的使命区别何在，后者似乎是在等着他宣告赞成它的表现。他逐日扩充势力范围而反为所困，被责令颁发号令，直至精疲力竭。已成为他生活内容的这种大规模的战斗，继续不断地扩展着，无限地扩展着。因为他本身就是冲突。他的职责就是冲突。

他决不是个冷静的计算者。这种人是要把自己的每一项行动加以衡量，并将之纳入一项各个细节都开列分明的计划之中。这种计划既须不为个人感情所左右，又须超越当时的情势之外。他在施政执事方面是他自己的主子，可是在抒发情感方面就不是了：在那方面，他的想象力常使他不能自制；他总是预先推测各民族和各君主的意向是违抗他还是推崇他，对他的宏图伟略是支持还是反对。当他讲话的时候他是心口如一的。他像我们之中多数人一样，是按自己的内心活动行事的；它来来去去，好比一个行人的脚步，对碰到的不同事物会产生不同的反应——有时是诚挚的，有时是温和的，有时是吓人的——并且会被无论是外交官或仆从的态度所激怒。他曾对梅特涅说过："像我这样的人，一百万人的生命也不在我眼里。"——这是一种至高无上的气质的又一表现，这种气质只在其本身的水平上翱翔，被人性之不可逆料和人性之怠惰所激怒，而且还希望"与五亿人民为友"——他那些话只不过是一头被一群猎犬追逐得走投无路的野兽突然产生的可怕的怪念头，也是一个支持未来世界的人发出的呼声。在那个世界里，君主们正为了自身的免于垮台而在向人类之中讲究虚礼缛节的人苦告哀求。拿破仑的政治观点是远大的，可是其中不断地如急潮般涌进了他的男子汉激情，从而把这些观点扩大了无数倍，甚至扩大到连他自己都无法确定其实际限度或在可见的程度上加以节制的倍数之上。他痛恨英国，而且对此直言不讳。他对普鲁士常常勃然大怒，公开发作。他曾讲过他不能理解为什么那些可怜的西班牙人不接受他要把他们引进西方社会的运动之中的打算。他看不起他的岳父，这是人所共知的。他喜欢亚历山大，对待他像对待情人一样——先是抚爱有加，继而忿懑满腔。他有声有色地过他所写的诗篇那种生活的日子没有他的寿命长，并且他没有能够写完那个诗篇，因为它存在于他的业绩中，也因为如果他不再过那种生活，他的生命就失去了方向。对于这一点他的感受非常强烈，以致他知道如果他表现出丝毫犹疑、丝毫因循或半点儿动摇迹象，全世界就会认为他不再是拿破仑了。他说道："既然我事业的方向已定，我对未来已经提出了主张，那么我的进展和我的成就便有必要蕴含一些超自然的性质了。"

况且，像他这样的人，取得最后成功又有什么意义呢？他包揽得太多了吗？就算这样吧。他若丢开西班牙不管，或许就能把俄罗斯夺到手；若丢开俄罗斯不管，或许就能把西班牙夺到手；或者，把西班牙和俄罗斯都丢开不管，或许就能把英国夺到手，是不是呢？就算这样吧。然后怎么样呢？然后他所过的无私的史诗般的生活，也就是他强迫全世界过的生活，将会变得不完整得多。他的令人钦羡的才能，正是由他的过火行为培养起来的：他的才能容许他做出那些过火行为并容许他因此而牺牲生命，同时，直至他的末日，又给人以这样的印象，即他在每一阶段都更形伟大，而且在做那些过火行为时他就有一种奇怪的预感，那就是那些行为将会使他在功业最显赫时陷入最后困境——就是在法国的那场战役，他在两个月的时间内建立了一座最宏伟的纪念碑，它体现了凡是人们头脑和心胸中所曾孕育过的精力、决心、性格、创造性的想象力、正义的勇气和自豪感。他像一位冶铸师，在看到炉火不旺、铁水在模子里冷却得太快时，鉴于缺乏其他燃料，便赶忙把家具、门窗、地板，甚至他自己身上的肉都扔进了炉膛。

有一件事是只对未来有重要意义的，那就是行为的性质。虽然在1814年之后签订的条约被视作灾难，而在瓦格勒姆村之后签订的条约被视作荣誉，可是1814年给予他的深刻印象以及给予法国本身的好处，都远远超过了瓦格勒姆村。我并非不知道，这类事情在官场中是矢口不谈的。在官场中经常运用的是最卑鄙的功利主义，而理想主义者往往是最先一开口就谈上帝予善人以犒赏、予恶人以责罚的人。可是在诗歌场中，事情恰好相反。诗篇在作者身后的价值，不是根据它当初卖多少钱或作者凭其诗篇从官方或从社会上得到多少好处来判断的。判断一首诗篇，要看它在道德方面和情操方面所产生的影响、所引起的敬仰和愤慨的总和，简言之，也就是要看它在人们智力中诱发的活动以及在人们心灵中燃起的激情的总和怎样而定。南北美洲拥有黄金和钻石的矿藏、广阔的森林、增殖着的人口，以及他们正在倾注于世界的庞大财富，可是它们同促使哥伦布决心探索新世界的灵魂中的闪光相比，又算得了什么呢？

第十二章

雕刻艺术

一

　　原则上不赞成战争的人，就不必往下读了，因为我们现在要谈一谈那可怕的现象了。这种现象对于精神领域来说，有十分特殊的作用，它把一个精神受奴役的人和一个精神自由的人都表现得淋漓尽致，毫不留情。我指的不是在战争中当士兵或工人、听任别人把他变成战争的被动工具或乖戾的牺牲品而无可奈何的可怜家伙，也不是指唯以升官或受勋为目的、从电话的这一头或从瞭望所里把一群不幸的人开出去送死的那些人。我指的是这样一些人，他们能从全局看战争，能把无数构成战争、产生战争的因素以及战争的后果考虑在内；他们不是那种把自己的怯懦掩藏在一副传道士面具的后面、净在各种托辞的合法性非法性上纠缠不休的人；他们正视战争，按照战争的真实面貌对待战争，既不从战争的直接结局来看战争，也不是闭眼不看战争的惨状。然而做出了这样重大的努力还不够，必须进一步做出更大的努力，而据我看，只有根据后一种情况，人们才能识别我在上面描绘的两种人的精神面貌。一种人完全反对战争，拒绝使用战争，即使这样做会冒一百年杀戮的可怕风险，也在所不惜，为的是免得使他那乐观心情在迥然相反的事实面前被刺痛。另一种人看到战争可以当作一种不为私利的游戏，愿意抓住战争给他的一个机会暂时节制一下他的悲观。……原则上不赞成战争的人，不必往下读了。

最善于作战或阐述作战原理的人，非常了解这种机会把一种多么可怕的工具送到了他的手中，他知道这机会，从我们出生之日起，就是让我们有高踞于别人之上的手段，或者不让我们有这种手段。我想正是由于这一点，他才**曾是**一个最善于指挥作战或阐述作战原理的人。我们的活动是在这样的一个场所进行，这个场所按性质说是智力活动场所；我们怎样看待这个场所，也就怎样划定了它的边界线，确定了它的轮廓，使我们多多少少能够在它的上面稳步行走。拿破仑不是一个军事家，他是一位诗人；他不是一位名将，而是一个伟人。这是极其不同的事物。他承认自己的天赋，并不是因为由此可以自豪，可以取得权力，而是因为他知道，如果不承认自己的天赋，他就不能在自己身上找到力量、智慧和想象力的源泉，也正是靠了他的天赋，这些源泉才得以打开，流遍他的全身，滋养他的全身，使他成名。他不但不相信战争是人类为了生存和创造而能使用的最崇高或唯一崇高的手段，他把战争明确地——有时是严厉地甚至很坦率地——看作是时代的错误，是原始野蛮性的最大骚乱，他的使命就是要摧毁这种野蛮性；而且战争的景象还常常使他感到痛苦，同时，虽然他会如醉如狂地作战，但打完每一战役的第二天早上，他总是感到心里作呕，而且对此从不加以掩饰。无谓的屠杀使他恶心，有时也使他憎恨自己。在埃伯斯贝格战役中，马塞纳为了夺取一座无关紧要的桥而断送了三千人的性命，他很生气，躲在屋里，独自流泪。我想就是在那一天他找到了"屠杀"一词来形容这一事件的。在一次战役中，一个军官向他报告说，伤亡越来越惨重了，他问他道："你是要破坏我的宁静吗？"他写信给约瑟芬说："我始终呆在埃洛，这里遍地都是死伤，这不是战争的美好一面。人民受苦受难。眼看这样多的人牺牲了，令人精神沮丧。"

请注意，他接受了战争以后，开始了战争以后，就把这些弱点隐藏在内心里；因为这样弱点远不能阻止战争，反而使人在战争面前迟疑不决，无力战斗，从而增加了杀戮。请注意，他深知这场战争即使是经过精心组织考虑周详来进行的，领导人一犯错误就会引起一场血染的混乱，他有一次说："视察战场而不心中含泪，就会让许多人白白去送死。"尤其要请注意，你会看到他总是正视战争的现实，镇定自若，从不露出愁眉苦脸的伤感，从来没有天真的幻想，从来没有某些人会采取的虚伪态度，这种人之所以会这样，是因为他们不敢正视自己，他们缺乏真正的勇气，他们的可鄙的冲动驱使他们用浪漫词句和讲坛姿态来影响庸人。拿破仑说："有人说我有一天晚上代替站在那里睡着的哨兵站岗。这番话可能是市侩或讼师编造的，但肯定不是军人……"请注意他说的另一句话："凡是不可避免的战争都是正义的。"外交界和教育界的伪君子以华而不实的道德说教粉饰战争，拿破仑可不上这种当。请注意他是多么清清楚楚地、也就是多么胸怀开阔地承认他的行动的意义、性质和后果。这样你就会理解，是他的那种对事物的安排、他的那种强有力的和有意识的和谐，镇住了混乱，并赋予它以节奏。这样你就会做出努力来克服可怕的战争艺术给你带来的恐怖感；在所有以**人**本身为材料的艺术中，战争艺术给**人**以机会来承担数量最大的责任，来驯服数量最大的激情，来使用最大最多的精力，来镇压数量无限的叛逆，来实现数量无限的远大理想，同时，战争艺术也给人以机会用平凡的手段和较小的牺牲来取得无数重大的成就。

二

人们研究战争时可以在真人实事里得到真正艺术的印象,有时还可以得到精神和谐的感觉,有如从画家、诗人、音乐家最完美的创作中得到的那种感觉,只要存在着这样的一种两者之间的强烈对照,即一方面是需要解决的问题的重要性,另一方面是在解决问题过程中所发挥的严肃性、简洁性和细致性,在缺乏材料和工具的情况下敢于担负起最大的责任和风险,用最低限度的破坏和流血为代价换取最完全的胜利。汉尼拔、吕居鲁斯、凯撒、都伦纳、腓特烈大帝等人的战绩给人的印象就是这样,拿破仑谱写的几部交响乐——意大利、马仑戈、奥斯特利茨、耶拿、1814年等战役,给人的这种印象远来得强烈。在这些战役中,他的战绩显赫惊人,决策迅速,执行敏捷,部属以无比强烈的热情同领袖密切配合来争取胜利;与此相比较,所流的血,对于人民整个来说,分量似乎并不为重,不超过乐队演奏一首气势雄壮、音调铿锵、引起听众心潮澎湃的诗歌所花费的气力。1796年他率领的是衣衫褴褛的一群人,他俘虏的奥地利人却相当于他自己指挥的部队人数的两倍,缴获的枪炮相当于他手里枪炮的六倍,接连消灭了五支敌军——其中最精锐的一支敌军在几天之内就被消灭——征服了意大利,并且迫使意大利接受和约,尽管奥地利在北部打了胜仗。1800年,他率领一万八千名士兵的军队在他所选定的地方打了胜仗,收复来因军团的将领先前丧失的意大利。1805年,他仅依靠机动、灵活的部署,就俘获了整整一个奥地利军团,并且只经过一次战斗,就击溃另一个奥地利军团,自己的损失不到两千人,同时还打垮了俄国军团,粉碎了神圣罗马帝国的力量,使它从此一蹶不振。1806年,他在一天之内就摧毁了普鲁士王国。1814年,他只率领几千农民和新兵,就阻止了整个欧洲军队的前进达两个月之久:虽然他的力量被削弱了,但他从未被击败。凡是相信混乱不能自行转变为秩序的人,凡是相信悲剧使人最有机会表现自己的意志的人,都不能设想还有什么比这些战役更好的例子来说明精神彻底战胜了物质,组织才智彻底战胜了愚妄的暴力。

他在1809年以后进行的战事同上述这些完美艺术杰作不同,令人惋痛;这时他的运动战慢了下来,好像有些昏醉,好像负担过重。战果疑问较大,代价较高。各个战役拖得很长,有时打不出胜负,伤亡人数几乎每次都是很大。他曾说过一句话,深刻表明了这样的特点:他是一个在行动的境界工作的人,不得不向一种难以驾驭的材料——人、民族和国家,以及他们的激情和他们的利益做出呼吁,他说:"我从未能完全控制我的运动;我从未**能**做到真正完全是我自己。"我猜想,他心里首先想到的就是这些困难的战役:是波兰的泥潭;俄国的冰雪;日耳曼的阴雨和卡斯蒂耶的炎热;是他的军队饱受流沙和狂风的摧残,这时大自然也变成了他的敌人;是他的军队勉强向前行进,后面跟着庞大的运输队,再后面则是被抛弃在路上和小道上的伤兵,等待着敌人来杀头。他的政治活动推得太广,逼得他的军事行动过分扩散,以致最远的军事行动点已经离开中心太远,边缘地带日益陷入瘫痪。他的作战兵力越大,他的打击就不再那么有把握和干脆利落。他生活的那个时代,运输迟缓,交通困难,有时需要八天或十天才能和他的部将取得联系,再花上八天或十天才能收到他们的回信,这就使敌人在他发出命令以后到命令得到执行以前的期间得以进行兵力部署。他的构思还是和过去一样迅速及时,但他必须保护交通线,必须从远处运来大量武器和供应,这就使他的计划受到牵制,受到迟疑和意外事件的搅扰,以致在计划实施以前,情况已经发生了变化。

这个时期,可以把他比作一个第一流乐队的指挥:在他的脑里和心中,乐队全体成员是一个整体,突然他看到演奏者(而且是来自四面八方、互不相识属于不同流派)人数两倍、三倍、十倍地增加;看到他们合奏的音乐快要把音乐厅的屋顶冲开，看到他们已经不再注视着他的指挥棒，而他也看不到他们了。要是有半数的人不在表演那天悄悄溜走，或者不在演奏交响乐中间离开他的话，他就是够幸运的了。因为他不仅是乐队的指挥；行政，政策，国际心理，这些事情一齐涌到他身上，既繁重，又紧迫。他又是一个乐团经理人，要管演奏者的食宿，要管广告宣传，要管大型音乐会的财政经营和精神效果。他的听众的意见、愿望、兴趣以及他在听众中激起的自私动机，开始成为他的演出中要考虑的一个部分，而且是日益起作用的一部分。开头这部分事情还是孤立的和无组织的，后来就结合在一起成为集体——而且是反对他的。毫无疑问，这时他仍然取得胜利和成功，是由于他的精力、他的活动、他的天才，同时也是由于他能令人敬畏。可是他已经在流血，他的力量正在消耗，他已经被敌人卡住脖子。他要想真正恢复元气，只有回到他原来那班演奏者那里去，尽管这些人已经疲乏不堪了。军事艺术同其他艺术没有什么区别，它要求具备若干限定的因素，艺术家在任何情况下都要直接控制这些因素，了解它们的结构、浓度、形式，以及它们对其他有关因素产生何种反应。对拿破仑来说，这是很清楚的。有人说过，他在戏剧的最后一幕，正当他要发表他的一段最精彩的演说时，他缩回去了。拿破仑永远是拿破仑，但拿破仑只有在和一件事做斗争的时候才真正表现出他的本色。只有他不在场的时候才会发生混乱和浪费：他的部将会在同敌军相持时犹豫不决，而敌军也和他们一样下不了决心。但拿破仑一来到——例如在西班牙、萨克森或香槟——就好像刮起了一阵狂风：把人们的思想、感情、意志全部激发起来，军队好像秋风扫起的落叶，在他后面的，像旋涡旋转着跟他走，在他前面的被吹得七零八落。

三

他的敌人和他自己的军队一样会迅速发现他来到了军中。敌军听说他来了就张皇失措，而他自己的军队听到他来了就士气大振。他给敌人引起恐惧，给自己的人带来信心。他之所以比他的部下高超得无可比拟，不在于他能打胜仗，而在于他能使他们确信，胜利将会很快到来，生命决不致白白送掉。"打胜仗靠士气旺盛，不靠士卒众多。"战争艺术的妙处在于：它把一个人的性格传达给一百人、一千人或十万人，它用一个人的才略和热情激励全体，使他们凝结在一起，团结坚强，生气勃勃，都能领会这一个人心灵和头脑中的神机妙算。拿破仑把他的观点告诉士兵，把他的行动解释给他们听；他启发他们，使他们感到打胜仗在一定程度上要看他们是否理解取胜的条件，是否愿意承担风险，是否热情地按照他指引的道路争取胜利。他充分运用士气，用诺言来安慰他们的情绪，解除他们的疲困——而且他是实践诺言的。他自己的狂热性，使他能够感觉到当群众热情的高涨到了一定时候，他就可以抓住机会，用灵机预测出一个恰好的时刻，到那时，总司令的电光一经闪耀到全军，他就可以发出决战号令了。他能根据敌军的部署是优柔寡断还是有条不紊，是慌张还是巧妙，来猜度敌军的士气，并且把这一点都收进他的和谐一致的战局部署中去，也只有他一个人能看到这种和谐性，因为那是他创造出来的。"作战有如治国，是运筹得体问题。"正是这种成竹在胸、运筹得体，使他能够采取大胆的而且总是成功的军事行动；如果他是在远离战场以外提出这样做的话，一定会被认为是发疯的。敢作敢为是天才最重要的和最强有力的部分。对事物的可能性有直感的那种本能——诗的全部含义即在此——使人可以发现另一种存在，而对天才来说，发现这种存在易如反掌。拿破仑看待战斗，不是战斗怎么来，他就怎么做；他想象出战斗。

这样看待战争和进行战争太新颖了,因此谁也不能理解。他发现以前的战争是死板的科学,他把战争变成了活的艺术。他把前人一直使用的直线进行式旋律一脚踢开,代之以完整的交响乐,其中各个组成部分的数量和关系可以变换,还加上由他首创的并为后人沿袭下来的新手法,即把战争全部物质的、道义的和心理的因素都注入交响乐中,把作战同一定时间和地点上最好用战争来解决的那些战略、经济和政治问题结合起来。这种高超的艺术,在他死后的时代自然又变成了科学,因为只有少数几个人能够懂得,生活是一个不断创造新形式和新需要的过程;所以,在天才的全部训示当中有一个不可改变的特点,即只看目标,不看其他,使用全力实现目标,一定会保存下来的正是这一点。"天才是凭灵感来行事的:在某种情况下是好事,在另一种情况下会变成坏事。必须把原则当作同曲线关联的坐标轴。"

当时谁也不理解他,只有头脑简单的人和少数青年将军例外,这些将军是在他指挥下的战争中训练出来的,没有上过军事学校,不受公式和成规的约束——这些人要打胜仗,就必须像他那样事事依靠自己创造。在拿破仑以前,包括大革命时期在内,打仗不过是踏步,进军,反进军,过冬,边界附近列线作战,然后等到来年夏天再战,挖战壕,一次又一次的围城,没完没了;谁也不从敌军的肩上看过去，寻找致命弱点，加以打击。习惯势力是根深蒂固的，拿破仑出现十年到十五年以后，敌军将领仍然采取等他来打的作战方法，自己不冲上前去打他。即使他们想要给他一个突然袭击，也是先等他来。采取突然袭击的是拿破仑，尽管他要走——特别是当他需要走——三倍、四倍、十倍于敌人需要走的路程。对他来说，打仗不再是双方司令员像私人决斗那样，事先约好交锋地点，先到者恭候后到者。打仗不再像以前那样几乎纯粹是一场战术技巧比赛；打仗已成为广阔布局的军事行动：由他从附近某地指挥其进程，并以迫使敌人签署和约为高潮。他常说，来因军团里没有人懂得如何作战，战术专家是有的，尤其是训练士兵的能手是有的，但战略家却没有一个。谁怀疑这一事实，不妨将两种情况做一比较，一种情况是两军对峙的双方没完没了的相互监视的行动，哪一方也不敢出击，甚至打赢一仗之后也是如此；另一种情况是拿破仑的闪电进军，有时不经穿透敌人的护心甲就直捣敌人的心脏，使敌军动弹不得，不战而败。他在军事领域和政治领域一样，都是使用创造性的革命动力来代替防御性和破坏性的革命静力。

因为这个缘故，他被他的敌人，有时候也被他的同僚看作野蛮人，唯有奥什、特别是德赛这两位同僚除外，他们两人是很够条件奉派去进行大规模作战的。有人指责他不道德，因为他眼中只有一个目标——打胜仗，因为他使用一切可能手段去实现这个目标。对智短识浅的人来说，才有所谓理性上的不道德的东西，也许就是这种东西在他们看来是最丢脸的事吧！任何一个敌人和他约定交战地点，他是不去的，或者他反而会去袭击那位约他出战的敌将的背后。他是现实主义者，根本不理会前人制定的任何规则。他以惊人的毅力给战争增添一个未知因素。多亏了他，民主制度的信义不再取决于遵守封建制度规定的战争法，而取决于用自己身上的力量和发展等因素来反对封建制度的决心。"在战争中一切都是道德的。"我们要懂得这一点。和封建主义不同，他一向都是尊重老百姓的，并不把破坏和掠夺当作目的本身。凡他所到的地方，一律加以保护。在作战时他使用武力和计谋，但只限于作战的需要。战争就是战争，就要实现战争的目的。所以，他为了反对军事封建主义，在运动战方面为战争的含义增添了新内容，正如百科全书派和第三等级为了反对神权封建主义和政治封建主义，在哲学和伦理学方面为宗教社会和世俗社会的含义增添了新内容。封建主义的"信义"从何而来？来自出没在大路上的盗匪的首领们彼此间或多或少加以承认的契约而已。最高大的宫殿也要在地里奠基。明天的理想家只不过给今天的实践家的事迹增添一种风格的感觉罢了。

四

有人把天才比作狂人。我认为天才乃是智慧的积极表露,是能够保存或重新发现洞察事物间的关系和比例的知觉,而大多数人由于呼呼昏睡在习惯势力之中,无所作为,丧失了这种知觉。于是产生了戏剧和美术,这大概是人为了不使头脑日益陷入浑浑噩噩而想要直朝着生活目标走去的反应。拿破仑式的运动作战的整个体系,直接来自他那始终不渝的现实精神。有一次人们狂热地问他打胜仗的秘诀是什么,这种精神使他答道:"首先是要有常识。"

在历次战役中,我们从来没有一次——也许只有一次例外,即在他的最壮丽的悲剧最后一幕,当他听说敌人已经兵临巴黎城下,为了火速赶回巴黎,他放弃了在洛林进行的一次出色的、本来也许可以使他脱险的军事行动——我们从来没有一次看到他顶不住感情上的目标所发出的强大的吸引力:这种目标使人忘记了真正的目标,不是首先努力歼灭敌人的主力,却去攻克一座名城,攻占一个自然资源丰富的地区,或者收复一个过去放弃后又懊悔的省,用这种战果来哗众,来加强自己的信心,或满足自己的虚荣。拿破仑很明白,只要完成主要任务,这城市、这地区和这省都将是他的，就是把这些地方丢在一边，也会是他的——也许是晚一些时候到手，但到手后会更长久地保持。如果他为了对敌人进攻必须通过那地区、那省或那城市，他当然不会犯这种错误，不去占领这个城市、地区或省，因为他知道这样做会给他带来精神上和物质上的好处，但他只有在一时一刻也不会同他所追求的流动目标失去接触的情况下，他才这样做。就是这样，他于1796年和1800年攻取米兰，1805年和1809年攻取维也纳，攻取这些地方都在他还没有摧毁奥军之前，因为米兰和维也纳都是奥军必经之路。但要指出，他每次都让自己处于敌军和敌军未能保护的城市之间，堵住了敌军的其他出路。

这就是他的最精巧的也是最常用的策略。这种策略很简单。但"打仗的艺术和其他任何既精巧又简单的东西一样。……最简单的运动是最好的运动"。他从远道而来的时候，别人还以为他在防守阿尔卑斯山高隘，或陈兵英吉利海峡与英国对峙，或突然从波希米亚的山路出现；而他却总是来一个大迂回，不经战斗就截断敌军的交通线，从而把敌军置于他自己和法国之间，但他同时也让自己处于意大利或奥地利、或普鲁士与敌军之间。我再说一遍，这种作战方法是很简单也很危险的。因为他冒了最大的风险，如果他被战败，就会让敌人得到最大好处。但是，如果他战胜了，就会取得最大限度的战果。这种战术是以预期能获得决定性胜利为前提的，而他的勇敢使他有理由可以做出这样的预期。因此，他几乎总是凭他的勇敢在一次战斗中就消灭弹尽援绝的敌军。

1796年，他接连同五路敌军交战时，差不多从头到尾都是使用同一战术：即从南面绕过阿尔卑斯山，把奥地利军团同庇蒙特军团隔开，绕过提契诺沿波河挺进，抄奥军的退路，他进入米兰。然后，他把这个计划中要征服的半岛丢在他的背后——征服这个半岛是卡尔诺指派给他的任务——占领阿迪杰河一线以阻止德国进占意大利半岛。1800年，当敌人料想他会到上次他进入意大利经过的地点时，他却从北面穿过圣伯纳特山隘强行进入米兰，从而把梅拉斯的军队拴在阿尔卑斯山和他自己之间的地方。1805年，他进军四百英里，越过来因河和巴伐利亚到达多瑙河的时候，刚好插到麦克的军队和应由麦克的军队掩护的维也纳之间。1806年，普鲁士集中兵力，准备在他一进入萨克森平原就从侧面出击。但是他突然向左转，让自己处于柏林和普鲁士军之间，一天时间就消灭了普军。这是兵法吗？不是。是试验。理性告诉他，在第一次机会来临时就应进行这种试验。他一而再、再而三地试验了，因为他知道为什么每一次试验都应该成功。他"想得比他们快"，所以行动也更快。当他们以为他相离还很远的时候,却突然会感到他已经咬住了他们的后脖颈。他们研究了这种情况,联合起来采取共同行动。但拿破仑却在那里压住他们的双手,捆住他们的两脚。"人们可以指责我过于冒险,绝不**能**说我行动迟缓。"最神的是,当敌人已经摆好阵势,在遭受突袭之后正要运用他们的军事科学来弥补行动迟缓的后果时,拿破仑又在他们意料不到的地点打击他们了。

总而言之,他的一系列连续的计划,他为实现计划所做的努力,使他那富有创造性的想象力始终保持活跃,一直保持到实际战斗达到戏剧性的高潮;他的想象力从每一种情况都得到启发,又适应当时每一种情况的需要。所以有时候他感到需要在实际战场上把原来造成某一军事行动的事态发展重演一遍:例如阿尔高拉之战,他从西面走出维罗纳,仿佛要离开意大利,然后转而向南,走过沼泽地,袭击奥军的后卫,冲过敌军阵地,又从东面进入维罗纳。有时他采取非常大胆的行动方针,它牵涉的后果,不是自己遭到毁灭,就是证实了原来作战行动的全部结果都要求这样做:例如洛迪之役,他既然绕过提契诺,就必须以正面攻击夺取桥头堡,如果拿不下来,就将遭到惨败。有一次敌军使用了他自己的战略发明来对付他,从后面夺占了阿迪杰,他为了对付这一做法，制定了内线作战方案。其后在法国进行的整个战争，都采用这一战略，使他得以抵挡住兵力超过他六倍之敌，办法就是先破一支敌军，再破另一支敌军，逐个击破：例如他以卡斯蒂利奥内为核心，用闪电式运动战术，五天之内就击溃六万六千敌军，自己的有效兵力还不到此数的一半；然后，从里伏里平原急行军到曼图亚城下，他当时能直接使用的军队只一万六千人，在他统率下的全军不到四万人，但他在三天之内歼灭了两倍于此数的敌军。

他不断使自己适应形势。他并不认为敌人是呆板不动的东西，并不认为处在任何困难下都可以依靠一系列军事行动把自己解救出来。他知道他们灵活得很：灵活到一般总是按照他的最初设想行事的程度，因此他能事先说出敌人将被迫采取哪些行动。但是他也知道他们能采取出人意料的行动和方针，需要他立刻去加以破坏。"打仗的重要艺术，就是在交战的时候，改变你的作战线。"在他以前的时代，与他同时的时代，以及在他之后的时代，一切都是按照兵法成规行事的。在他以前，有腓特烈大帝的斜阵；在他之后，出现了包抄侧翼战术。在弗里德兰之役，他的确采用了包抄侧翼战术，摧毁俄军后面的那些桥梁，弄得他们无路可逃。但在奥斯特里茨之役，当敌人抽用其中军兵力对他的侧翼实行包抄时，他全力以赴攻打兵力减弱的敌军中心，把敌军阵线截为两段。在蒙米雷伊之役，他又诈用旁抄战略，诱使敌军抽减中心兵力，以便冲破其阵地。这样的例子不胜枚举。他的头脑清醒，别人担心发生意料之外的事，他对这种意外却很欢迎，而且立刻能拿出对付办法。对他那种头脑来说，没有真正难以预料之事，因为他那敏锐的智慧赋予他一种反射能力，无论受到何种震惊，也不管意外来自何处，都能做出恰当的反应。没有碉堡防守的桑穆-西拉，他用长矛队来攻取。对蜂拥而至的马木留克骑兵，他用步兵方阵——刀枪如林的堡垒来对付。"带着军事体系来到战场的将军，没有不倒霉的。"庸俗迂腐的军事家要采用科学的战术，要改变环境来适应他的兵法，这种战术注定是愚蠢的、累赘的、粗野的，像一架复杂的机器，掉进一颗沙子就会停摆；拿破仑不同，他的战术是有机的、机巧的、随机应变的，像滔滔的河水，在他的战略主体中奔流，同时又能迫使敌人做出他已预料到的并已准备好如何来对付的反应，而对他没有预料到的敌人的那些反应，他又能立刻发现其中的弱点，加以打击。

他的战役总方针，这种新的作战思想——包围和摧毁敌军的主力，不让任何政治的、感情的、骑士风度的和惯例等考虑把自己从这一目标引开——这样地逐步发展到它变成他的具体作战方针。假定一座雕像是完美的作品,它的每一片同雕像的整体一样,也是优美的,因为这整块东西的巨大完整的运动和连贯,对整个雕像的侧面、形状和正面都一一做出规定,而这一片是这巨大完整运动的一个有机部分。不论敌人离他一百英里或一百码,拿破仑都不是使用排开阵线、中军对中军、侧翼对侧翼、骑兵对骑兵的打法。他用全部军力作战,将全军力量放在决定胜负的一点上。"打击之点不可分散,相反地,必须集中。"他的军力总是超过对方,因为他总是比对方更为机动灵活。他用自己的主力直捣敌人的主力,以分队监视敌人次要的力量。他最爱使用的打法——拦断敌军的后退线——不但把敌军同它本国的中心分开,而且把敌军割裂,像从人身上割下四肢一样。拿破仑先将主体打垮,然后扑向四肢,将它们一一割下。"战争的艺术,在于始终要在我军攻敌之点或敌军攻我之点我军拥有比敌军更为强大的兵力,哪怕整个我军不如敌军强大。"无论他布置的战术,形式如何,规模多大,都是以他为灵魂,以他为心脏,以他为生命中心,一切都围绕着他转动。

五

拿破仑自己给他的战争艺术下了定义。"欧洲有不少卓越的将军,但他们看的东西太多,而我只看一样东西,那就是在我面前的大家伙。我设法确是把它们消灭,附属体就会跟着自行瓦解。"拿破仑这段精彩的话,画家、诗人、音乐家、雕刻家大可几乎逐字逐句地重说一遍。这是创造家的语言,创造家从概括和整体出发摹想事物,发现一种理想需要实现它时,就把它当作未经雕刻的粗材料竖在面前,立刻看到它有几个突出的、按照自己的规律形成的特征值得着重刻画。

他把整个欧洲看作自己的战场,即使对最不重要的一次战斗也这样看:如果他生在今天,就会把全世界当作他的战场。在战争的棋盘上,他总是能保持相距最远的两点之间的关系,并且总是能完成这种关系要求他采取的行动,除非他没有足够的物质手段这样做。他知道他每一次军事行动所带来的一连串后果,由于人性的愚拙,将会一次又一次地重演,几乎像机器一样准确。例如,他事先就知道,在他攻克维也纳以后,将会诱使查理大公离开意大利朝着他的方向进军,而这位大公本来该尾随马塞纳之后。有人看到他在巴黎伏在地图上研究作战时，把一根针插在马仑戈城上面，那时他的军队还没有出阿尔卑斯山。乌尔姆战役后，他听说普鲁士已经对他宣战，这时，他不是向来因河方向撤退，让普鲁士、奥地利和俄国军队有时间重新靠拢到一起，而是把整军待战的普鲁士撇在一旁，猝然向奥俄联军发动进攻，先把他们解决。作战各军各走什么路线，怎样缠绕到一起，又怎样分开，都演现在他的脑海里，就像天空星体的运动演现在天文家的脑海里、音响旋律的变化演现在音乐家的脑海里一样。有一天人家问他哪一次战役是他最得意之作，他问提问者，他提出这个问题是什么意思。然后他说："我的各次战役，不能分开来看。它们在地点、行动或意图上都不是单独存在的。它们都是极其广大的组合中的一部分。"远征埃及，欧洲大陆的封锁，甚至征俄之役，都在一部军事交响乐中各自担负一个预先排定的乐章，一次战斗只是交响乐中的一支间奏曲，它在有些时候，尽管投入了不少人物和想象力，只能产生平凡的效果；但更多的时候却能以最小的气力产生重大的效果。

所有这些都被人们严重地误解了。例如，有人花费了大量笔墨辩驳说，拿破仑不能说马仑戈之战为他增加光彩。但是这个庞大的作战计划是在巴黎事先制订的，其中包括越过阿尔卑斯高山和攻占奥军后方的米兰城的行动，在具体执行时发生一小时的偏差是影响不了它的谐调性的。那不过是庞大乐队里坏了一件乐器罢了。他们在这方面还提到坚守热那亚使整个战略得以实行的马塞纳；也提到实现这一战略最有功劳的德赛。但这反而更能说明拿破仑善于选择他的主要部将。这次大捷是不是靠在热那亚做出的牺牲呢？当然是的。艺术靠牺牲而生存。拿破仑的艺术之所以高超，就在于拿破仑同意做出的残酷牺牲，使人人都以为他的作品有缺陷。我已说过，拿破仑的艺术的最大特点是它的造型和音乐性，这里面是没有伤感的成分的，就像塞巴斯蒂安·巴赫或米开朗琪罗根据他们认为代表了宇宙的那些形式结构和音响结构而创造的线条和实体，不包含伤感的成分一样。尽管如此，这些人的残酷艺术却给人以极有价值的鼓舞力量；他们对博取人们的眼泪所表现的蔑视，加强了对这一点的感受。

人们又举出拿破仑从埃及"弃军而逃"的例子。但他那时刚刚收到在意大利作战失利和法国处于危急之中的信息。他很清楚，如果继续留在埃及，他就不过是"英国陆军的一翼"。他一眼综观战局之后，就冒着被俘的危险毅然启航。但他是把不到一个月以前征服阿布基尔沙漠之战的成果巩固下来以后才走的，留下的是一支完整的军队。当然，对军队来说不应这样做，对一位领导人来说也不应这样做，但对元首来说却应当这样做——

根据宪法当时他也许还不是元首,但在他的感情上和思想上已经是这样了。十三年之后,他在俄国又这样做了一次,离开了他的受苦难的军队,自己回去把法国和德国组织起来去对付来自东方的反攻。他从厄尔巴岛逃出,也是这样的举动,那时,他独自一人在敌视他的地方的海岸登陆,利剑在鞘,要去解开高尔狄奥斯王之结。

人们对他这次卷土重来感到惊奇,他自己却在这时断然表示:"此举似乎大胆冒险,其实非常合理。"他有一种奇迹感。像那些能从整体看待事物、一眼就能洞察事物的复杂构造以便掌握它的统一性的人一样,他知道奇迹为什么会发生,何时发生,怎样发生。他既能看清面前的目标和通往目标的道路,又能找出引向这一目标的共同利益和精神力量,大多数人却只看见那些把他同目标分隔开的物质力量和个人利益;所以在所有的人的心目中,他就成为奇迹人物,一个不断创造奇迹、运用奇迹的人。其实,他只不过是预见到极少有人预见到的事物发展的逻辑性而已,因为预见和逻辑性远不是人人头脑中都具有的特点。此外,他还深刻理解人们有一种奇怪的思维颠倒现象,即把事物的合理秩序看成不可思议,把泛滥成灾的愚昧、盲目和陈规陋习反倒看成很自然。因此他说:"要人相信,办法是把真实之事变成不可信之事。"

六

如果要我标出这位军事天才连续通过哪些阶段，使战争的诗意达到前所未有的境界——而且是在不到二十年的期间内做到的，同时把哥特人的野蛮时代永远从欧洲铲除——那么，就有三个轮廓分明的时期出现在我的眼前。

首先，我看到他是一个瘦瘦的孩子，头发很乱；神经紧张，因失眠而面带倦容；看过很多中世纪的骑士传奇和史诗；喜欢孤独，害怕心里隐藏着的激情——这使他双唇紧闭，两眼深陷，脸上的皮肤绷得紧紧的。……我看到他的威名达到前所未有的惊人高峰，使男人们振奋，也使妇女们激动，甚至达到如醉如痴的境地，使音乐家的心充满着热情的幻想；这时候，他自己也被脑中的闪光所炫耀，这闪光日益向他揭示战争原是一首行动的诗，向来还没有人写过。我看到他以无穷尽的灵感做了许多发明，把一个个老朽的封建军队打倒，不知夺了他们多少大炮和军旗，拔除他们的城邑像采摘花朵一样，随后亲切地扔给手下的光脚士兵们。这是浪漫的时期，远征意大利伦巴第和埃及的时期，神奇的向日出的地方进军的时期；这个时期是加尔巴西奥和莎士比亚的幻想仙境，是廷托雷托和米开朗琪罗的宏伟高飞的人像，是《天方夜谭》，是萨拉米斯的水手，是亚历山大大帝的步兵方阵，是游历天下的攸力栖兹，是《金羊毛》，是张着紫色的风帆，上面画有甲士、吹笛者、弹琴人的古代大战船——所有这些都在唤醒朗格多克士兵们的灵魂，从他的灵魂里唤起对神的声音的嘹亮的反响，那时，在南部沿海，神的声音到处都在宣告**幻想诞生了**。……

稍后一些，我看到他恢复了健康，对自己很有把握，心里更加平静；爱情已能节制，中世纪骑士传奇和史诗被摆在一旁，因为他正忙于制定法典。这些都表现在他的面貌上：现在是滋润发白。骨架的结构还能看出，但已不如过去明显，头发剪得很短，整个举止既温文又威风——俨然一副人主的英姿，而且从今以后就要求这样对待他。他的军衣比以前更整齐，颜色更朴素。现在已经不是一小群人热情忠实地服从他的指示了，整个军队和全国人民都这样做。……我看到他更加接近法国民族和来因军团，因而更能发挥他的天才，使他同他们之间的关系更加谐调、均衡。我看到他正在把他的大军——现在已经穿得好，吃得好，装备优良，人人心满意足——变成一个强大的整体，其中融合了法国各省的人，但只包括法国各省的人，以无攻不克的战斗把将要建立的一个新文明的建筑思想加于欧洲之上。这是古典的或法国的时期，从马仑戈战役到耶拿战役的时期；在这个时期，高乃依的严谨的体裁，拉辛和普森的流畅的韵律，笛卡尔方法之运用于都伦纳的战略战术，沃邦的防御工事，以及凡尔赛的花园——它的林荫大道从祖国的心脏把生命和力量输送到四肢的尖端——所有这些，都使人民和军队不断看到理性和意志对感情和冲动所取得的决定性胜利。

最后，我看到他，身体开始发胖，一颗被至高无上权力收缩了的心里又激起新的感情。他的双眉紧皱，清秀而无情的面孔有些粘湿，因为他的皮肤已经注进了胆汁。高高翻起的大衣领子完全盖住了他那粗厚的脖颈，头上的帽子戴得更低了，头发已经变稀。……当我现在看着他的时候，他只能用一双日益削弱的手来控制他的大批附庸国和雇佣军了：他们的法国核心正在萎缩，他们的肉体，最初冷淡而松软，逐渐受了毒，后来被胆汁和淋巴液渗透，变得越来越粗糙；他们勉强服从一个头脑蒙上了黑影的人的驱使，被拖得满身血迹斑斑，一批批地被选送去做大献祭的牺牲品；这个人，为了装饰他的梦想中的宫殿，仍然从他们身上得到丰富多彩的或预兆险恶的效果、丰富的野蛮的谐调、一望无际的雪地上的鲜血或燎原大火上旋转上升的灰烬。这是神秘的或东方的时期，在这个时期里，忧郁的西班牙的心，不可思议的震颤的斯拉夫之魂，以及催人欲睡但又给人复生的非洲和亚洲的浪潮，同西方的清澈的海水相汇合。这是永恒斗争的时期，是狄奥尼索斯神和阿波罗神交替得胜的时期。然后，也是最后，为了造物主可以证明他永远能够起死回生，能够以他那诗一般的力量造成新的复兴，就不再给他安排一个新的时期，而是在开阔的深渊边上出现一次急如闪电的舞蹈、最美妙的交响乐中的一次猝然的融合，在这次融合中，法国看到了它的条件和命运这样一种壮丽的古典舞蹈，同古老神话的泉水突然涌现出地面这样一种浪漫主义的激情汇合成为一体。

第十三章

普罗米修斯

一

罗德勒有一天同拿破仑谈他的长兄约瑟夫的行为和意图时,拿破仑回答说:"你就要去协助他了,这很好。他一直是在干那些引起部队不满的蠢事。我的士兵被西班牙人杀害,他竟让西班牙委员会审判凶手。他显然不晓得,我军所到之处,都有法国的军事法庭,审理暗杀军人的案件。……他要在西班牙人中树立好名声,他想让西班牙人心里相信他是喜欢他们的。但是,君主的仁爱与照料孩子的保姆的温情可不一样:君主应该使臣民对他敬畏。……国王给我来信说,他要回莫方登①去:他想乘我忙于处理其他重大事务之际,当时我确实很忙,他以为他可以使我感到事情难办……正当我已把我的精锐部队交托给他,正当我要动身去维也纳,随身只带几名新兵以及我的威名和一双大皮靴的时候,他来要挟我了。……他说他宁愿到莫方登去,不想留在由于流

---

① 莫方登或莫尔特方登,靠近埃门农维尔(奥依丝),是约瑟夫·波拿巴的一个庄园。

了不义之血才得来的国土上。这种话和英国人的谚文里用的词句有什么两样。我倒要问问,莫方登是个什么地方?它是我在意大利让人流血换来的。……不错,是我让人流了血。但是流的是敌人的血,是法兰西敌人的血。他居然竟会说出这种敌人要说的话,这合适吗?再说,这位国王今天是西班牙国王,那是他自己要当的。如果他当初想留在那不勒斯,他本来就可以留在那里。他以为他可以难住我,那他可是大错特错了。什么也拦不住我。我的计划一定要全部贯彻。我有足够的毅力和力量。什么也难不住我。我的族人如果不是法国人,我就不需要这种人。我的几个兄弟都不是法国人,只有我才是法国人。……

"我爱权力。但我是作为一个艺术家而爱它的。我爱权力,正如一个艺术家爱他的小提琴。我爱权力,因为我能用它来制作声响、音调与和谐的乐曲;我像艺术家那样爱它。荷兰国王也在谈论着他的归隐生活了!但是我们兄弟三人,只有我才最配到莫方登去居住。我这个人是由两种不同的人合成的:一个是有头脑的人,一个是有赤诚的人。我同我的孩子们玩耍,我同我的妻子谈心,我读书给他们听,我读小说给他们听。……"

我引用这段动人心弦的谈话,首先是因为这段话激发我写这本书;因为这段话是出自拿破仑之口,它具有一种非凡的意义;在他出生的那个世纪,除了孟德斯鸠、也许还有狄德罗是例外,自然也要把卢梭、伏尔泰以及他们的门徒除外,所有其他的人对他这段话的含意只有反感,而决不会赞赏。还因为与他同时代的人中没有一个人能理解这段话的含意,就是罗德勒也不理解(歌德除外);最后,还因为我们这个时代的人在此时此刻已经开始赞赏这番话的伟大意义。

由于一次广泛的科学研究已探索到心理的起源,恢复了神话的原有地位,指出了道德条条的不足为恃和假仁假义,证明了动机和借口的一致性,并且发现了在各种形式之下的同一原则,有几个人这才开始认识到拿破仑是诗人,认识到艺术是一种想象的行动,而行动则是生活实际的艺术。只有拿破仑至少已经确凿知道这一点,并且也已经这样说了。而且他的传奇式的一生表明他对于没有希望达到的和谐有深刻的理解(他一生就想通过他自己表演的戏剧而达到这种和谐)——这一点,至少对于能认识到下述情况的任何人来说都是值得欣慰的,这就是,戏剧不过是心灵想明确调和它永远不会消除的一切矛盾的一种渴望罢了。

这样的话必须再三再四地说。我们看到流血,但看到心灵被奴役。拿破仑可能对许多人的死亡难辞其咎,但他仍然和这样的人属于同一类型:就是每看到一块未经雕琢的石头就想到要用它刻成石像的人；或者是那些听到嘈杂的声音就要把它谱成交响乐的人；或者是那些听到欢乐或凄切之声就想把它翻作有韵律的诗歌的人；或者是那些把意味深长的话净化为流畅的散文的人。天命逼使这些人的秉性在世界上形成一种体系，而好奇、不安、苦恼、忘我、埋没、战争则是构成这种体系的条件。当这些人合上眼睛死去的时候，这种体系一时之间摇摇欲坠，但是另一些人又把它重建起来或做某些修改。这种体系可能存在一百年，也可能存在五百年、一千年，它最后总是要消失得无影无踪；但是后世的人对这种体系积累起来的幻想又继之而起，坚持效法，经过无穷无尽的冒险造成的流血混乱局面，一直走到尽头。这种体系的精神结构，也和这些人的精神结构一样，是围绕着激情、迷醉这个核心建立起来的；其特点永远是对探索的渴望。那些不具有这一可怕力量的人肯定不是危险人物，却是无足轻重的人。

歌德说拿破仑是"一个不可企及的人物，……世界的缩影。在他身上，照耀心灵的光辉永不熄灭"。

这种体系之下的专制（就拿破仑说来，这是他自己的体系）是这样一种专制：虽然在他行进时，他总是必须能以按照他在自己心中用以建立这种专制的手段任意修改它的理想，但他却又不得不（像所有那些通过诗歌或绘画来表现这种专制的人们那样)客观地和有系统地把这种专制表现出来；而对于它加给所有人的这种专制，他们也许接受，也许反对，但是这种专制的必要性却又在许多世代中间浸透在他们身上。他同暴君不同之处在于他的意图有连续性。他囚禁罗马教皇、灭人之国、临时立一些国王，不是出于一时任性，而这种任性随后又立刻为别的任性所代替。他这样做是为了保卫和维护一个能够理解万物又涵蕴万物的个性，这既代表一切人又违反一切人的意愿。尼罗不是个艺术家，却装作像个艺术家，因此时而令人发笑，时而显得奸猾。人们见到拿破仑，很少想发笑，也决不想哭泣……他时时、处处、在任何情况下都为自己的梦想而牺牲自己的利益，为自己的伟大而牺牲安逸。从外表上看，他是个能欺善诈的阴谋家、骗子手，但若对他进行深入研究，就可以看到他是极端天真纯洁。他的富有诗意的意志力给一个多灾多难的世界披上一层面纱，改变了世界的面貌。请注意，当全世界的人都错了的时候，只有他是正确的。同他这样一个伟大的艺术家相比，他同时代的人之所以仿佛有些才智，是因为他们保持了往昔的疯狂观念。这位伟大艺术家像是发了疯，因为他们追求的是属于未来的一种智慧的思想。上帝是唯一行进着的人，他不时改换脚步，以免疲劳。拿破仑与上帝的机智合拍，他是上帝的道路上的一步。

为了对付既得利益者的抗拒,对付偏见与习俗,他树立了一种新的行动规律,而最后克服了这种抗拒。他所运用的力量不只是抽象的力量,那是他**自身**的力量。那是他的心灵的一种功能。他是一个伟大的个人,但他又打破个人的界限,以便超越这种界限,将社会的一切与宇宙的一切融为一体,正由于此,他的力量就是心灵自身所起的功能。他说过这样一句适用于一切有创造精神的人的话:"意志力、性格、勤奋和勇敢造就了我这样的人。"勇敢是敢于想象,勤奋是勤于研究、勤于用自己的方法进行试验,意志力在于务求其成,而性格又足以对抗那些以"正人君子"自命的聪明恶棍——这就够了,但是伟大的人物如果明确地并且有成效地去面临他曾表示过的巨大困难,则这样几点是极为需要的。正如诗人在感情中寻求绝对事物那样,他是在行动中去寻求它的。在实际运用他自己的手段即政治和战争这一点上,他是个深刻的现实主义者。因此,在他面前(在诗人面前也是这样),现实会十分迅速地、必然地变成他的幻想的符号。他随意把它碾为齑粉。有生命的和无生命的整个世界、历史的和传说的整个世界、各种人种和各种激情的整个世界,在他眼中立刻会变成只是一本字典,而他就从这本字典中查找合于自己幻想的一词一韵,在这种幻想中，他的无可救药的幻觉看到他的努力是徒劳的。他把想象的线条抛入空间：他的感情使这些线条成为实体，他的推理力把它们整理成形。由于他有先见之明和统治才能，他的想象追求着一种悲剧性的平衡。他一次又一次地在刹那间得到这种平衡，但是由于他操之过猛，他的想象起不了作用。紧接着，追求平衡的新的欲望，而且是更为狂暴的欲望，在他心中又油然升起。他的力量的限度，或者至少可以说，他实现计划的力量的限度，乃是人类力求做最小努力的本能，而正是这种本能在最后背叛了他。——他只是在力量有限度这一点上，同那在抽象事物领域中工作的人不同，这种人在某种意义上比拿破仑胜过一筹，那是因为拿破仑冒的险更大。纯粹思想的有利之处在于：现实事物和事件与纯粹思想并无任何关系，但纯粹思想对音响、声音、颜色、形状却能呼之即来。但是，如果凑巧纯粹思想的富有诗意的呼唤力更大，以至纯粹思想能够将事物本身束缚于思想之中并将行动纳入想象的轨道，而且用的又是足以使事件不得不按纯粹思想的步调发展的力量，那就会出现这样一个时期，这时事件就会堵塞纯粹思想的道路，事物则以其自身的惯力寻得抵抗纯粹思想的手段。……拿破仑和米开朗琪罗一样，是被他自己的手段打败的：他并未完成他自己的墓碑。

二

当我试图唤起他在历史进程上的形象时——这种形象在历史中随处可见,然而却使人得到极为孤独的印象——我就想起夏托布里昂在描写路易十八驾临议会时的著名场面。路易十八到了议会,受到全场欢呼,他这次到议会来,是想在那个篡位者到来之前与议会达成谅解。夏托布里昂写道:"欢呼声停了下来,全场鸦雀无声。在那沉寂的片刻中,人们觉得好像听到拿破仑从远处走来的脚步声。"

他的脚步声仍在远处响着。我在这本书里已不止一次提到这一点。但是这个事实并没有为人们充分理解,尽管这种奇特的孤立是他的天性中最引人注目的标记,并且显示出他深感自己是我们当中的一个流放者。他年轻时,曾尝试寻求孤独,他把这种热切的愿望坦率地说成是由于"科西嘉岛和他自己家庭遭受的不幸"。① 他爱沙漠,那是"干旱陆地之海洋,浩瀚无涯的化身"。[26] 爱好孤独的人和热切地寻求孤独的外在特色的人的命运就是这样:他们的成就引起的呼声越多或当

---

① 引自布廉纳语。

光荣的传说开始从四面八方涌来的时候,他们就越是感到孤独。

这就是他的处境。战争的火幕使他与欧洲隔绝,意大利人的气质使他与法兰西隔绝。毁谤他的人发出的恨声,恭维他的人说出的蠢话,使他与后世隔绝。艺术家同他隔绝,因为他们鄙视行动,实证主义者同他隔绝,因为他的行动具有抒情的诗意。民主主义者同他隔绝,因为他有贵族的本性,贵族社会同他隔绝,因为他向往民主。他同信教的人隔绝,同时又同不信教的人隔绝,因为他具有诗人的难以解释的却是最深的信仰,但正因为信仰太深,才又冲出信仰的藩篱。这一切都还不够,这一切都不算什么。他与所有人的心灵隔绝,因为他自己的心灵另有特色。

从外表上看,他的确不显得孤独,他是半个大陆的主人,人们的身体、灵魂的主宰,也几乎是人们思想的主宰,有一支令人胆寒的军队供他驱使,他的威名在美洲的穷乡僻壤有人知道,在亚洲的人们口中谈到,全世界独一无二地同他一个人发生关系。但是由于他的权力使无能为力的人们服从他,从而使他同他们疏远了。康巴塞雷说:"他的样子像是在自己的光荣中踽踽独行。"由于整个世界寂静无声,因此我想到,他在走动的时候,他心里听到的只是他自己的靴刺在叮叮作响。他的孤独

第十三章 普罗米修斯

远甚于人们感觉到的他的孤独。但是人们听到这种说法一定会发笑。倘若一位伟大人物抱怨自己不为人了解,有人在答话时会说,他是众目注视的人物呀,大家甚至背后都在颂扬他呀,大家都在赞美他、热爱他呀,然而说这些话的人根本不了解孤独的真正性质。一个伟大的人,当注视他的权力的人越多,他的孤独就越甚,因为他自己的主观规律不断迫使他自己与人们隔绝开来,并警告他要提防他们,而甚于它因下述一点而对他提出的指责,这一点就是:在他的精神的需要和大量加之于他身上的颂扬之间,还有在人们认为属于他的意图和对于他正在追求的目的所下的定义之间,存在着很大的差异。人们在限制他的作用,在限制他的天才,在阻挠他的命运,虽然他自己的愿望意识不到任何止境,虽然他的方法意识不到人们的力量,虽然他自己不知道自己被赋予的使命。因此,你们以为:他据有十个王位,激起恐怖,让世界为他一人而发狂,让他完成前所未有的最伟大的使命,这样他就满足啦!你们的思想也太贫乏了!为了爬得更高,他一直强使自己避开爱情。这位英雄在向前行进时,四周的欢呼声越高,深深的沉默在他心里也就扎得越牢。对于这样一个为**人人**注目的人,不要做探索其孤独的尝试吧。

"这是天国里一个向过往行人乞讨小钱的乞丐,这个小钱就象征着一个世界帝国",[①] 任何时代从未有过比他更不幸的人。他以能成为自己这样一个人而感到无比心醉神迷,但为此而付出的罚款是:因为自己是唯一能理解这种心情的人而又感到无比痛苦。他对歌德说的话是减轻苦痛的一声呐喊。当光荣已达到人类知识和记忆的最大物质极限而仍然感到不满足时,他唯有绝望才能得救。到了这个时候,也只有到了这个时候,上帝才欢迎他。

三

在拿破仑心中,一种对可望而不可即的目标的渴望,和事实的顽强惯性之间进行着斗争。这种斗争迫使他像在手中扭一块硬铁那样地扭着这些事实,也迫使我们以矛盾的心情思量他的为人,这种矛盾心情是我们在思考生活本身时产生于心中的。他的一生是强度和力量达到顶峰的一生,他按照不同的时间、不同的观点,或同时地或交替地唤起爱和恨,却又声称要对道德和死亡坚持斗

---

① 莱昂·布罗阿语。

争。"这是一个不可理解的人,他轻视自己最有力量的行动,从而找到了贬低这种行动的奥秘,同时却又将自己最低水平的行动提高到自己的应有水平",① 这样一个人的命运是一种巴斯噶式的冲突,这种冲突从意识领域,一直延伸到各种事件的领域。具有一般心理的人指责他;其实,他已经抑制了自己的本能:这种本能给他带回那使他克服阻挠自己远飞高举的重重顾虑的超人才智。

歌德称拿破仑是"完美的英雄"。歌德拒绝承认任何人是英雄,他只有在用基督教圣徒的颇为乏味的概念时才承认谁是英雄——这就是说,这个人能够克制自己的激情(往往是不很残暴的激情),以便使自己不因激情招来痛苦。但是拿破仑具有能把自己的激情安排得当的力量,并将这种得当安排推之于一切人。一个人内心的激情越是杂乱得可怕,就越难做出英雄的业绩。"完美的英雄"是这样一种人,他热爱战争而又禁止屠杀,他喜爱爱情而又能驾驭女人,他热爱权力而又蔑视任性,他热爱光荣而又斥责颂扬,他爱生而又敢死。这里有一个危险——就是爱自己的族类:耶稣从自己身上扼杀了这种爱,但拿破仑却被这种爱摧毁。还有一个危险:就是公德,他利用公德,因为他的"体系"要利用公德,虽

---

① 夏托布里昂语。

然他并不相信公德的基础是完美无缺的。除了这些无法克服的弱点以外，歌德说的那句话是对的。这里不存在苦乐的问题。唯一的问题就是服从他的本性的命令，办法则是通过同生活的可怕的接触把这些命令制订出来；当然在同生活本身接触时，还要承受生活的最充分的后果，即使如果这样做，就意味着每天都要经历内心的紧张以抵抗生活的各种冲击。一个人闭上眼睛投身到斗争中去，这是轻而易举的事。从斗争中迅速撤出来，也是轻而易举的事。他是眼盯着斗争、接受斗争的。他具有使斗争不超过自己心灵的升高水平的罕见能力。不要羡慕他，也不要可怜他。他是不会懂得你们的语言的。他曾说过："我的心不要寻常的欢乐，也不要寻常的悲伤。"

他这句话里，有一种自主的力量，这种力量给予世界的远远超过从世界得到的。正是运用这种力量，他抚育生灵，同时又驱使生灵转徙四方：他简直就像一条不可阻挡的河流；他在临死之前给现实和世人留下大宗财富。他独有的一个巨大信仰鼓舞着他，这个信仰是模糊的，却是无懈可击的；它与一般的信仰全然不同，是在极端怀疑主义基础上发展起来的。在1796年，当时没有一个人弄清楚信仰问题，只有他弄清楚了。在1814年，只有他一个人保持自己的信仰，而别的人却全部失去了自己的信仰。在信仰方面，他真的好像是悟得了上帝的一个思想,他受上帝的委托,把人的素材改造成为一个诗篇。他横渡世界向前行进,与此同时,一出伟大的戏剧上演了。他是这出戏的主角,他的想象给这出戏剧增添新鲜场面,而在戏剧达到高潮时他一直屹立在舞台上。这出戏剧创造出奇妙的神话,以便使他可以有力量把那些可以实现的部分化为现实。他要迫使东方后退,而建立西方的国家。为此,他使西方认识他自己,并梦想将整个东方纳入西方的轨道。因此,他既是理性的维护者,是以西方的意志力反对亚洲的斗士,又是将东方神秘主义传入欧洲的新的先驱。我不知道他是否清楚地看到这一点。但是他是感觉到了这一点,这其实更要好些。和赫克利斯一样,他甚至笑着说这样的话:"我一直把世界扛在自己肩上:这是无论如何也不容我疲倦的职责。"

人类在朝着命运前进,而命运却毫不疲倦地跑着离开我们,使我们感到极大疲倦——这的确是我们自己的疲倦。这种疲倦再增一分,人类的心就无法负担,除非它偶然地跳动在一个伟大人物的心胸里。我们不是好像听到埃斯库鲁斯自己在放声悲叹吗?他叹息的是:人类被指责往往热情一来就越过了上帝的疆界,却永远到达不了上帝身边,而只得退回来,在回忆当年的豪情中流血而死。

拿破仑说过："我是一个新的普罗米修斯。我被拴在一块石头上，一只兀鹰在吃着我的肉。不错，我曾从天上偷得火种，并把它作为一份嫁妆送给法兰西：火种已经回到原来的地方——我却留下来了。热爱光荣，如同撒旦在混沌上架起的从地狱通向天堂的那座桥一样：光荣把过去和未来连结起来，中间隔的却是一个巨大的深渊。除了我的名字以外，我什么也没有留给儿子。"

第十四章

他的影响

一

　　确定一个人在死后所留下的影响，并不如人们所想象的那么容易。人们能够看到这种影响的轮廓和外形，但是要探查在它周围的地面，测量由于它的分量而使地面下陷的程度，观察它所压坏或推后的根柢的性质，以及标记地下各种力量的暗晦的运动，却是比较困难的。由于它所产生的剧变，这些地下力量或则联合作用，或则相反作用，而在旷野中于人们所未料到的地点暴露出来。即使它的轮廓和外形，也只能对它的真实价值提供一个虚假的观念。有人按照它做了些石膏模型，放在架子上。星期日到博物馆参观的人们，以虔敬的目光凝视着这些蒙上了一层灰尘的标本。一些吵吵嚷嚷然而却是驯良的年轻学生和真挚的老闺女整整一个星期在这里临摹这些标本，以便拿去做壁炉的面饰、仓库和整形外科医学院的装饰品。这些参观者中的少数人也许听得到外面洪流的喧嚣，但是，他们怎能想到：如果前面所说的影响未曾开放某种不可见的源泉，就不会有洪流呢？

　　拿破仑在政治方面和感情方面的影响，无论如何从表面上看来是预兆不良的,这已经得到证明。他的死后的名声,已经产生了一种关于他的流行的、令人厌恶的形象;并常常激起雨果派鼓号齐奏的喧嚣,甚至引起了感情冲动的醉汉和悲哀的酒徒的灵感,他们分别以德·缪赛和贝朗热的名义,用孤独的胡诌和爱国的狂热感染了数百万大学生、卖糖果的商人和年龄不详的女士——这一切无疑是可悲的;而对于那些把这样的胡言乱语当作正经话的批评家来说,则尤其可悲。他死后的意识被附会于委内瑞拉革命党的宣言、小学教师的激烈论争、军人的假面舞会和插科打诨以及第二帝国的制度(第二帝国不仅是对他自己的帝国的一幅讽刺画而且是他的帝国的反面),这些又都是可叹息的事;而对于那些因为一切行为看起来相似而不能分辨其性质的历史学家和伦理学家来说,则尤其是可叹息的。拿破仑是一位诗人这个事实,就是对他的后来的模仿者的一种不能取消的谴责。这些模仿者是:带着一只制成标本的鹰从海外来到我们法国的那一类人;挟着拿破仑制定的法典,妄图在法律方面教训拿破仑的乡下律师;因为街上的一个小孩对他伸舌头,就以文明的名义拔剑砍掉那个小孩的手的城镇驻军的英雄;在说了一句投合时好的口头禅之后用嘎哑的声音呼喊光荣或诅咒屠杀的音乐厅的小丑;退役的非战斗部队上尉或屡教不改的罪犯那一类人。

拿破仑的影子被用来当作吓鸟的稻草人，或一切政党轮流使用的一面旗帜，每一政党都竭力收集那些最适于增进他们的私利的拿破仑的生平事迹和轶闻。他们借助于一些卑劣文章，不把他说成是一个奴隶监视人就说成是一个军乐队长。然而，拿破仑对于波拿巴主义没有什么责任，犹如米开朗琪罗对于画院主义或耶稣对于教权主义没有什么责任一样。世人对拿破仑的判断，都以一种古老的、不可救药的误解为依据。他为一个假面具所遮掩，这个假面具是一个获取暴利者为他的愚蠢的顾客们画的，在它的下面拿破仑的真实面孔既隐藏了它的烦扰也隐藏了它的平静。一个人的精神上的帝国，恰恰是从他的有成见的反对者、尤其是他的模仿者为这个帝国划定的最远边界的界限所在的那一条线开始的。要指出蒙台涅对皮埃尔·夏隆或对无数英国的草率作家的影响并不困难。这些英国作家大胆地把他们的作品称为"论文"，其实是与论文十分不同的。不过，我还不敢肯定人们是否认识到：如果没有蒙台涅的启发，莎士比亚、塞万提斯和巴斯噶就决不能为西方打开现代思想之门。任何人都知道鲁本斯对范·迪克的影响。但是谁能够描述他对两百年以后的拉马克的思想所发生的神秘然而是决定性的影响呢？而拉马克显然是不知道他的名字的。那个把大人给他用来买麦芽糖的一文钱给了乞丐的孩子，要比靠基督吃饭的牧师离基督更近得多。一个小孩子拿一片木炭在一座倒塌了的小房子边墙上草草画出一只向墙跷起一条腿来的狗的图画，这个小孩子比起那个以在美术学校教授拉斐尔派绘画为职业的画院画家来，离拉斐尔并不更远一些。心灵是看不见的，而它的力量也就在这里。在论及拿破仑时，我不大清楚夏托布里昂是否真正了解这一点，然而他写过这样的词句："当他在世时，他未能占领世界；在他死后，世界却是他的。"当他为了指出人们应该在哪里去找行为效果的表征，不注意行为的物质性而写出上述的词句时，我不能相信一个具有他的才能的人，是在思考拿破仑的行为的外部方面。

二

拿破仑的可怕的教义宣传，立即在欧洲发起了行动，使它不可改变地发生影响，这种行动所产生的后果，连同许多别的事情，我已经叙述过了。这种行动似乎是机械的，现在我将把这个行动的问题搁置一旁。有某种比国家统一和公民平等（这二者几乎应完全归功于他）对人民更有用的东西，况且，这二者只有当它们值得以武力来夺取时,它们的意义才真正为人们所认识;有某种甚至比信用贷款和物产的大量流通、比在技术发明和工业略取方面所做的非常努力、比遍及全球的巨大的交通中枢网、比这些事件对劳动组织的重大反作用等更有用的东西——所有这些事情都是由于有了国家的统一和公民的平等,由于创造了巨大的新社会和新阶级以及无可怀疑的能源和需要才可能发生的。无论如何,这种能源和需要在精神方面的效用更直接,因为它们反过来又产生出一些逐渐改变和培育人的看不见的力量。而那个更有用的东西即是世界所采取的出乎意料的态度,当时一些深思熟虑的人们意识到:要赢得那种统一和那种平等以及从而产生的模糊不清的后果,就必须做出精神的和军事的努力。费希特在五十岁时再次投笔从戎,这一事实不仅证明这种努力对于人生的行进不是漠不相关的,而且迫使人生向如此的方向发展,这个方向在人的思想中激发种种能加强这种努力或者甚至从根本上变更其价值的内在的斗争。法国的夏托布里昂、拉普拉斯、德·斯塔尔夫人和邦雅曼·康斯坦,英国的福克斯、柏克和沃尔特·司各特,德国的歌德、贝多芬,意大利的阿尔菲利和芒佐尼,西班牙的戈雅,都认为各国人民的道德命运系于拿破仑的胜利或被推翻。然而,无论拿破仑胜利或失败都必然要引起一种对道德命运本身的巨大震动。

拿破仑对这事有责任吗？据我看来，似乎是有责任的。一个人出身贫贱而至飞黄腾达，不可一世，自然会引起世人对他倾注憎恨或钦佩的精神上的热情，他对此终究是有一些责任的。

但是，还需要进一步加以阐述。我认为，在这一切中有一种不可思议的奥秘，人们不敢去探究这一奥秘，因为一旦把它揭露出来，就会打开许多道路，打倒许多划分畛域的藩篱，而这些畛域却被认为是应该永远保存、应该永远划定界限的。创作反映重大事件的戏剧的人，在人们的心中也创作了戏剧。陶醉、不安定、贪婪、冒险精神和牺牲精神支配着一切。爱情到处漫游，燃烧，散播冒险和悲哀的种子。假使有一对情人，在嫌厌或热情的情绪中结合，或者另一方面，由于有着为纵欲所苦恼、满足与提高的情绪而分离，在分别或再会时的狂热中产生一个婴儿，那么这个婴儿就有可能成长为一种异常的力量，有一颗热血沸腾的心，有一个迷乱的灵魂，对生活和求知有强烈的兴趣，当他在由于一场非常的冒险所引起的骚乱之中（骚乱的扰攘声在他的四周都可听见）长大时，尤其如此。在两场战事之间，他看见他的父亲或长兄穿着华丽的军服，并且好像就在火炮齐发的轰隆声中听人讲述史诗中的故事；他的母亲或姊妹的沉默和眼泪给他留下深刻的印象；他由于一些国名和城市名所唤起的遥远的海市蜃楼而心潮澎湃，如果没有看到从一片白雪覆盖的平原上升起的金色圆屋顶，或是从湖上和棕榈林上面矗立着的尖塔，或是直到与闪闪发光的冰川齐平的层叠的山林，或是在柏树和玫瑰丛中的石阶和铜像，或是长着黑黝黝的发光的眼睛、头发上盘绕着鲜花的美丽的海妖等等景象，那么这些国名和城市名是连想也想不到的。既然在每一条路上都有爱情、死亡、光荣等候着他，一个年轻人的想象，不能不接受那个人的不可磨灭的、要求赋予生命的影响；那个人的神话式的存在就是这一切的托词中心、灵魂和意向。1796年，波拿巴开始崭露头角。在1809年左右，拿破仑达到了名声显赫时期的顶点，在这个时期之末，他的人民患了贫血症，全世界反对他的势力把他打倒了。这是一件令人难忘的事实：所有伟大的法国浪漫派作家——那些具有强大的感召力的人们，在想象和思想中，似乎又开始登上英雄已经在行动上完成了的、跨越历史和世界的抒情的航程——雨果、巴尔扎克、仲马、维尼、米歇莱、乔治·桑、圣-伯夫、科罗、巴里、德拉克鲁瓦、奥古斯特·孔德、巴比埃、梅里美、贝利奥兹、多米埃、普吕东都出生于1796年至1809年之间。在直到拿破仑被推翻以前不肯放下武器的顽强的英国，济慈、卡莱尔、麦考利、斯图亚特·穆勒、布朗宁夫妇、达尔文、坦尼森和狄更斯都出生于同一时期。门德尔松、舒曼和瓦格纳则是当整个德国在苦难和忿怒中加紧反对拿破仑的时刻出生的；其父是法国人、其母是波兰人的肖邦出生时，正值波兰的安德罗麦达把拿破仑看作是一位从天而降的波修斯；意大利的莱奥帕第是在那场深深搅动了这个半岛的精神的意大利战役将近结束的时刻出生的；马志尼和加里波底是在他们的国家在拿破仑的手下第一次实现统一时出生的。最后，一个令人难忘的事实是：普希金、格林卡和果戈里出生于俄国人拿起武器进入与拿破仑冲突的年代里；屠格涅夫、陀斯妥也夫斯基和托尔斯泰则出生于俄国又渐次转入沉睡之后的几年中，当时俄国曾被认为是战胜了那个欧洲的裁决者无敌的拿破仑的国家，而俄国也想象它能够复兴欧洲。

拿破仑奉法兰西之命把革命的狂热灌输到欧洲的精神中去，奉上帝（如果上帝存在的话）之命把人类命运的悲惨问题提给欧洲的心灵。在这场由于这个人的出现而刮起的大旋风中，他所激发的个人情绪对于智力的进展、观念的判定以及一个世纪的全部精神建筑具有一种决定性的影响。在创造发明上、在研究上以及在对全部有记载的历史的探讨上这个世纪具有最丰硕的成果。夏托布里昂的妒忌不过是一种秘密的纲领，它反映在爱国的或共和的雷霆爆发或咏怀孤寂上，反映在一位世界大师自豪地依靠于抒情诗的感化力上,这种诗英国的湖滨派诗人科尔里奇和沃兹沃思在战争的狂乱中早已运用过了。在他们那边,索西颂扬了英国士兵和水手们的忠心,乌兰德和吕克特拿起了蒂尔台乌斯的抒情诗来鼓励德国人民反对恶魔,拜伦以仇恨掩盖其妒忌,有失身份地将拿破仑与一个流窜于各海域的乱伦的海盗相提并论;而在我们这方面,拉马丁、维尼、雨果、基内、巴比埃和巴尔扎克,他们之中有人赞美,有人忿怒,他们给一个人作了一幅启示式的或浪漫式的画像,把这个人描写得如此可怕,以致在他们看来,从此以后谁要是没有在一生中已经遭到失败的亲身感受,就不能与拿破仑相比。斯丹塔尔承认他自己的失败,也许就是因为这个缘故,只有他一个人是成功的:他看透了由君主专制、寡头专制、封建制和教会结合的神圣同盟所完全改变了的英雄崇拜,而在立即达到揭露全部社会的伪善时,他以拿破仑为榜样,建立了一个新的道德体系。

三

在自从拿破仑出现以来的一百年中,一方面是由于拿破仑的命运的榜样在那些诚服于它的人们的心中所引起的异常的变动，另一方面是从前一世纪继承下来并且凭借拿破仑的力量而进入欧洲大陆的哲学倾向，在这两个方面之间，似乎已经发生了一系列的重大冲突。当你打开一本文学史时，你会发现很少谈到这个事实，不说别的，这至少是使人吃惊的。即使涉及到它，也只是零碎地联系到某某作家，或联系到他的某一本书或是他的一本书中的一章。但它从来没有得到像对一个普遍现象所应有的那样详尽论述，例如对阿西西的圣法兰西斯的生平所做的详尽论述，虽然他的影响只限于意大利的几个省，而欧洲以至全世界却都受到拿破仑的影响。卢梭曾经唤醒了人们感觉中的浪漫主义，拿破仑则在人们的想象中传播浪漫主义的一切外部的根据，忽然打开的通往东方、意大利、德国、西班牙的大门，通向历史和传说的宽途大道，奇迹般的冒险，关于在心中带有某种美好激情的个人的能力和各种权利的启示。不久，浪漫主义即行胜过世界上的悲观主义的概念。一些浪漫主义的艺术家——如像夏托布里昂、拜伦、舒伯特以及后来的维尼、莱奥帕第、贝利奥兹和德拉克鲁瓦等人，已经本能地在那些多愁善感者中妨碍它的起源了。在法国革命的最初的一些行动所引起的短暂的幻想之后，在人们的心灵中又掀起了形而上学的绝望的巨浪，同时，一种无度的个人主义觉察到了永远不可能越过的边界。拿破仑就是这样一块岩石，一切为他的灯塔的光芒吸引到那里去的希望，都在这块岩石上撞碎了。诗人们认识到他们无力把他们足以夸耀的东西提高到如像拿破仑那样的一生的水平，而拿破仑的一生，到头来也无力胜过一种累积起来的充满敌意的环境，或者说，最后也无力克服死亡。作为康德的分析的一个结果，哲学家面对着一个无的终极的问题。哲学家们指出了拿破仑在历史上的作用的必然性所置于道德偶像的严重阻碍，这种道德偶像的纯洁，已经被拿破仑的光荣永远玷污了。这是第一阶段，彻底的浪漫主义阶段；叔本华首先试图越出这个阶段，就在英雄将死的那个时候，[①] 他提出：世界是一片景象，借其人的力量而展示在个人的灵魂之前，拿破仑已经将他所见的世界的幻影注入这种力量，而且这种力量将为德国和俄国的音乐以及法国的绘画所更新。

英雄崇拜是第二阶段。按照卡莱尔和爱默生的说法，英雄的力量以其所造成的幻象强加于我们对世界的意识。他们各自作出十五位英雄人物的画像，其中除了莎士比亚以外，拿破仑是唯一的在他们二人所写的两本书中都提到的英雄人物。这一定使歌德感到高兴，因为

---

① 叔本华的著作《作为意志的世界》出版于1819年。

歌德本人也被列入英雄人物的行列,而且他真的曾将拿破仑与莎士比亚相比较,但是他对于他们那种清教徒的保留态度却不以为然。后来,在这个问题上,易卜生和托尔斯泰、有时连惠特曼也同样卷入了这种清教徒的保留。要摆脱这些见解,还需要经过另一个阶段。卡莱尔已经认为(当时他并不了解他的这个重要论断后来会引到什么地方去):英雄(不论他是谁,也不论他是什么地方的人)的使命就是重新建立秩序,对于一个已被推翻的朝代来说,拿破仑是代表着神权的。

有时,另一种研究形式的发展给这种创见带来新的材料。注意一下法国在历次帝国战争之后出现的一代人的特性,是一件有意思的事。这一代男女经历过这出戏的终幕,经历过在俄国、萨克森、香槟和滑铁卢的绝望的努力。他们的神经紧张的强度仍同从前一样,但是热情已经消失了。在人们的心灵中发生了一种倒退。那一代人在其中成长的复辟和资产阶级君主制的气氛,并不适合于振兴或提高它的士气。克劳德·贝纳尔、帕斯特、戈比诺、米莱、库贝、弗洛贝尔、博德莱尔、勒南、夏尔科、泰纳、卡尔波都出生在与哥萨克混战后精疲力竭的部队从莫斯科退回来以后十五年期间。他们的那些妒忌主上的光荣的、在抒情的沉思深渊之上的长辈,是在高贵的悲观主义的陶冶下长大的。这种高贵的悲观主义呈现出一种十分不同的表现：讥刺而尖刻，吹毛求疵而乖僻。它寻求在公式的实证主义下，在朴素信仰的执拗下，在讥刺的态度下，在结论的怀疑主义下，隐藏它的绝望。如同斯丹塔尔的弟子梅里美所指出的，这是好学的一代，颇倔强，迂腐，过于谨严或过于优柔寡断，但是不敢追随拿破仑到底。这个具有幻灭了的精力的学者的世代，将归结到最完全的唯物主义；或者，作为对它自己的发现的抗议，要在麻醉剂和内省中寻求一座人为的天堂。克劳德·贝纳尔和博德莱尔所属的这一个淡泊的然而又是被诅咒的时代，在不知不觉中经由物的诗歌而接受了圣礼，这种诗歌是以激情审查的，由神秘的纵欲之焰和智力之火所照亮并使其成为精神的。这个世代比它以前的世代更为悲观，因为在它的解剖刀下，它不能挽回它的失去了的神，而且因为它的高扬的情绪被它目睹的人们流出来的鲜血汇集成的河所淹没，被它延长的放荡行为所淹没，被它用来覆盖它的痛苦的香水和音乐所淹没。……然而，它还是这样的一个世代：它把一件研究和征服的工具交给了人类（当时人们几乎还没有开始认识到这一工具的力量和价值），从而把重新产生出来的希望的各种要素搜集在一起。

有一种趋向乐观的尝试——照实来说，没什么成效——其起点就是在大约四十年前意料不到的应用科学的成功,这个尝试受到严重的阻碍,不过这种阻碍与其说是实在的还不如说是外表上的。人们错误地试图直接在社会的岩层上重新树立由于上帝的消灭而被粉碎了的希望,而且把科学所提供的工具的再生的功能奉为神明。然而这个希望只能附着在人的设想工具的能力和发展(部分地借助于工具本身)人的各种难以满足的欲望的不断增长的复杂性的能力之上。当尼采经过了第三阶段——悲观主义阶段——指点那些绝望的有识者说,在"谋求权力的意志"中有一种取得重新建立起来的幸福的诱因,我相信,在他周围正在兴起的科学文明的景象,对于那个有益的直觉必定是有关系的,如同空气对人所起的作用一样,人在呼吸时往往没有觉察到他在呼吸空气,而空气使人的血恢复生机,尽管对于那些因肺过弱而不能支持的人会发生致命的效果。因为像所有的神话一样,科学虽然会造成毁灭和引起灾难,但却是能使人类更加伟大的最有效的手段:它能够重建每一座废墟,经受得住任何灾难;它无休止地创造出新的神话,以使人类的希望不会绝灭。

科学所赢得的一切胜利(这些胜利以前的各个时代是一无所知的)——我指的是英国和法国的资产阶级的兴起以及他们开始夺取整个世界(如同巴尔扎克所庆祝,约翰·斯图亚特·穆勒所证明为正当的),德国的现实主义，经济上的帝国主义，美国活力的现代诗——所有这些胜利，不论人们在斥责它的罪恶或是颂扬它的恩惠，都可归之于爱默生称之为"民主主义者化身"的天才的暴发户的标本，这种人的生活，分析到最后就是：承认冲突的道德而斥责安逸为不道德。一旦有几个人认识到有一个人曾经能够长到无限高度，能够把人们抬高到他们自身之上，能够溃决新力量和新观念之急流使之倾注于世界——而这一切也就是反对一个社会制度，尤其是反对一个古老的道德体系；在那一天，拿破仑的精神引力范围就真正开始实现了。斯丹塔尔的不道德主义使英雄的勇气、自豪感和远见去反对社会伪善的组合。陀斯妥也夫斯基的斯拉夫人的气质使他察觉到：假如世上先消失了激情、能力和犯罪的冲动，那么就不会有怜悯、爱情、美或正义。惠特曼的全体一致论在事实上接受一切能使人的心胸更加广阔、更富于事业心的品性。后来尼采把这些分散的言论结合起来，断言人皆有要支配一切的本性，在人的连续上升中，只在自己实现自己的能力上有限制，别的限制是没有的。在各种精神的广大统一的神秘中——在这里面，诗人的职务就在于承认阶级、等级和种族的欲望，而这都是在人生的判决的漫不经心的举动中依次或同时形成的——逐渐产生一种对世界及其命运的新意识。应该注意到：在实际上，学者们和哲学家们都各在其自己的领域中致力于证明这些欲望是正当的。达尔文耐心地阐述最适者生存的学说,斯宾塞则将这一学说全部移植到心理学和社会学中去。在政治学方面,戈比诺断言,一个民族按照其选择而行动的权利,从属于某些优等种族所具有的治国的才能。卡尔·马克思力求证明,效用和生产力使那些按社会范围进行生产的生产者获得至高无上的权力,而工团主义则又宣称利益关系方面的联合具有塑造和建设的力量。在条件和事实范围内,美国的实用主义将那种在纯粹理性中使自己无所动作的人的被动性,置于以行动来肯定自己的人的胜利运动之下。

有朝一日这一切将失去它的矛盾和棱角,而化为一种天然的合成体,属于这一合成体的抒情的情感,就连凡拉伦本人也未曾到达过。简言之,这些观念的趋势,就是要对冲突喝彩,单单因为它是冲突,就断言它是高尚的,并证明达到一种与失败者相反的战胜者的洋洋得意的生活是正当的。难道不是这样吗?一百年来,一个人的影子一直在这个广大的运动上徘徊,这个运动正倾向于以一种还在萌芽状态的精神的体系来代替另一个因其任务已完成而消灭了的精神体系。人权与神权,已经交换了它们的阵营和性质。自从拿破仑时代以来,按照人权来识别谁是正当的,已经不再是一个问题了。人权不过是已经实现了的习惯。问题是要知道谁按照神权来说是正当的,神权是将成为神圣的力量。

四

关于拿破仑的神话,既然已经萌芽于最粗俗的、热情的民间传说中,又已经产生于那些奉命去搜集这种传说的诗人们的心中,我不相信将来会有一部为了使其在那些最高尚的心灵中开花而编写的关于拿破仑的神话了。这并不是说那是完全不可能的,也不是对于那些撇开这个假设、认为这样做对我们的精神来说是不足取的人们,我不感到一定的赞赏。两千年前有一个故事,说妓女、渔人和奴隶为了连他们自己也不觉察的需要提出一种补救的办法,当时有知识的人不是曾厌恶地排斥了这个故事吗?他们有没有了解到野蛮人就要到来,将有许多混沌浑噩的心灵到来,而旧世界是负有使他们开化的义务呢?现在,奴隶、渔人和妓女比从前更多了。野蛮人正在到来。当群众由于混乱引起的疲劳而感到更干渴,他们会吵嚷着要酒喝,将从这些热心的群众中产生的贵族到什么地方去找酒呢?我们则才听到了先知们和使徒们的混乱的语言,因此我不敢绝对确信去向他们讨酒会是适当的。但是能够提出任何别的办法吗?

我所知道的就是:任何一种神话,不论是温和的或是恐怖的,不论它颂扬武力或爱情,总是在生气勃勃的状态中想象和产生的,总是在生气勃勃的状态中经历其盛衰的。在任何一种情况下,它是攻击者:于是就有抵抗等候着它。如果没有攻击和抵抗,就没有生活。在人类历史中的每一种神学和每一种哲学都排斥自由与命运之间的冲突,然后通过一种不可想象的错乱而推断或是这一方或是另一方的胜利。在这两种情况下,如果历史被看作是冲突,那么历史将会变成什么样呢?诚然,冲突不仅是战争。假如人类在集体的戏剧的限度之内,以及在为了造成冲突在其内心中激发的英雄的或不健康的情感限度之内,找到一种无须诉诸战争的情况下前进的方法,战争就可以消失。但是,直到如今,人类并没有找到这种方法,而且在将来的一段长时期中无疑也是找不到的。我们不能想象没有战争和革命的历史,如同我们不能想象没有艺术的文化和没有爱情的生活一样。那将会是一部无事件的历史。除了通过戏剧以外,生活中也没有事件。

几乎所有那些占据历史舞台并与行动有直接的接触的人,在缺乏天才时,他们的重要性是从事件中得来的。

另一方面，诗人们——在苦恼和希望中维持人类的永远的内在戏剧的剧场——借将这一戏剧投入人们的智慧和心灵而创造事件。很少能找出这样的一个人，这个人原是受事件支配的，但是因为他从这些事件中得出了一种能够使这些事件发生前所未闻的变化的精神力量，由此产生新的事件，于是这个人在世界上看起来如同一个超脱于善恶的造物主一样，甚至在他活着的时候就试图按照他已经意识到的幻象去建造世界。不管将来承认这点与否，也不论为了这将来会咒骂他或是颂扬他，拿破仑就是这样的一个人。无论会发生什么事情，将来也不能无视于他。

但是由于我们仍然非常固着于我们的基督教习惯，以致据我们看来，对于一种民间的神话除了作为要求和平与善良的呼吁外，不可能以任何其他形式提出来。然而，希腊、斯堪的纳维亚、以色列、印度的神话并不依靠否认生活。一件确实有些令人惊奇的史实是：两千年前，衰败的希腊文明和犹太文明被强加于年轻而且完全无辜的西方，并产生了中世纪，这个时代的伟大之处，是由那种戏剧性的反衬所决定的。这个反衬就是在放纵的兽欲的狂热中，对于一个不可能竭尽的、道德上的纵欲的世界维持一种狂乱的信念。神话，至少是神话的素材，也许永远不会再有了。但是神话已经被具有神话性质的抽象作品所代替，而这种抽象作品是同样冷酷的，对于领悟这些作品的人来说，无疑更是如此。而和平、幸福、正义就包含在那里面。我不知道我们是否必须把它们看作人们为了达到那种不稳定的平衡而做出的精神上的努力的最后阶段。这种不稳定的平衡是人们所能达到的唯一的和平，唯一的幸福，唯一的正义，而直到现在，人们只能够通过战争、罪恶和绝望在瞬息之间达到这种平衡。我不能确定地说，这同样的平衡将来有一天不会被奉为神明。但是，如果那一天来到，我相信，一种宗教将会在为"最高欧洲精神"的创始者们保留的某个埃栾齐斯地方受到庆祝。这种宗教将对那个人做出公正的评判，这个人的行为表明，和谐不独是爱情的功能，而且同时也是始终努力在激情的戏剧中建立一个高尚的体系的能力的功能。

附 录

[1] 就这一点说,我们从下述两本书得到的启发要比其他的书多些。一本是古尔戈写的,另一本是布廉纳写的。古尔戈是个虚荣心很强、脾气很坏、理解力很差的人,又是一个妒忌、多疑、妄想得到他的主子专宠的人。古尔戈的语调和拉斯·卡兹的语调完全不同,拉斯·卡兹是个相当聪明又能给人以教益的人,他从来不和古尔戈争论。布廉纳是个满腹怨恨、忘恩负义的人,他为了要使自己显得是公正的,曾竭力装作很诚恳的人;他的语调和达布朗特夫人的语调也是极不相同,达布朗特夫人是个爱虚荣的和爱卖弄风情的长舌妇,她受她的家庭影响很大。他们做出自己的看法时,可以设想,无论哪一位都脱不了自己的气质、积怨和偏见。只有一个人视野广阔、目光远大,他是以高尚和纯洁的动机全面地来看拿破仑其人的,这个人就是罗德勒。我们觉得所有和拿破仑谈过话的人,他是唯一懂得拿破仑所说的话的意思的人,拿破仑自己感到他的话能被他正确理解,只有对他才把自己的心里话说出来,只有对他

才显出自己的真面目。拿破仑和歌德的谈话也一定是按这样的路子进行的。所有其他的人忽略了他所谈的重大问题，没有记住，否则就是他在他们面前根本不谈这些问题。

[2] 拉普告诉我们："他曾想显得很严厉，但是做不到这一点：他的天性对他来说是太强烈了，总是把他压抑住。"

[3] 约瑟夫有一天写信给他，要他想一想他（约瑟夫）是长兄。"长兄？他？毫无疑问，他是冲着我们父亲的葡萄园来说的。"

[4] "第一场争闹结束以后，他们的坚持和固执真使我受不了：我让步了，他们也就随心所欲地来对付我。"

[5] 他写信给约瑟夫说："你欢喜讨好别人，听从他们的想法，但我要别人讨好我，听从我的想法。"

[6] 后来，他在圣海伦娜岛时说："让他们爱称呼我什么就称呼我什么；我就是我，这一点他们妨碍不了。"这是发自他的心坎里的话。但他对英国人和他的仆人就不让步了。他坚持要他们称呼他的尊号；否则他就不让他们来见他。

[7] 他曾说过："志大才疏的人只会出坏主意。"

[8] 马仑戈战役后，他的部将向他祝贺，他说："是的，不到两年时间，我攻下了开罗、米兰和巴黎。但是，如果我明天就要死去，我在世界史里占不到半页地位。"1804年他曾对罗德勒说："我还没有干出一番大事业使我得以成名。"他在另一次说："历史会对我怎么写呢？后世会对我怎么想呢？"

[9] 他在圣海伦娜岛时曾说："厄运也有其英勇精神和光荣。我的一生事业中欠缺的就是逆境。如果我依然坐在宝座上，拥有数不尽的至高无上权力，我对许多人会是一个问题。

今天由于我遭逢厄运，他们可以就赤裸裸的我做出判断。"

[10] "愿望和行动对他来说是一回事。"——布廉纳语。

[11] 他还说过："人只能靠控制自己天生的性格，或者靠他的想象力给自己创造一个性格，或者靠他能够按照他所遭到的困难来改变他的性格，他才能显姓扬名。"

[12] "一个人只有处于险境中才有乐趣。"

[13] 歌德在他的《和厄克尔曼的谈话》中说："他所以有权力，主要由于人们遵从他的命令办事，就一定会达到目的。"

[14] "波拿巴不相信人们的德行，但相信人们的自尊心。"——布廉纳语。

[15] "雾月十八日拯救了法国。"——拉斐德语。

[16] 他"推翻了法兰西共和国，但拯救了法国革命"。——阿尔贝·旺达尔语。

[17] 拿破仑谈到英国的行径时常常说道："就我来说，我从来没有做过那种事情，西班牙事件怎么说也是由于哥本哈根那个事故引起的，在不幸的西班牙事件发生以前，我敢说我的道德是无可非议的。我的做法可能是独断专横的，但决不是背信弃义的行为。"

[18] 这句话是人所共知的。斯塔尔夫人问他，什么样的女人在他看来是最了不起的。他回答道："孩子养得最多的是最了不起的女人。"我倒想起另一句意味更为深长、更没有顾忌的话——是的，没有顾忌！——但话说得粗鲁得多，虽然说这句粗话的人从没有被人看作是个粗鄙的人、或是憎恨女人的人、或是专横的人。一个中年贵妇人，她是女

权运动者，正在向勒努瓦列举下列在她看来使妇女优于男人的品德：不谋私利、牺牲精神、和蔼可亲、慷慨大方、道德高尚、坦率诚恳、性格开朗、多才多艺……"而且体态风流！"勒努瓦添上这么一句。

[19] "夏托布里昂秉承大自然赋与的神圣火焰，他的文风是预言家的文风。"

[20] 他还说过："压制出版品是荒谬的，我对此深信不疑。"

[21] 他在另一场合说过："治理国家，指挥一切，是靠文官精神，不是靠武装力量。精打细算？善于识人？能言善辩？文官的品质。"

[22] 他还说过："国家元首不应当是党的首脑。"

[23] 他在给他的兄弟热罗姆——威斯特伐利亚国王的一封信里说："德意志各邦人民殷切期望的是，不是贵族出身的人，而是那些有才能的人，应当同样有权受到你的眷顾和任用；那就是说，君主和他的臣民中最低的阶级之间的任何束缚和居间的约束必须完全废除。《拿破仑法典》的恩泽诉讼程序的颁布、陪审团审判制度的建立将是你的王国的显著特征；我就把我对此事的全部想法告诉你吧：对于这个王国的扩大和增强，我宁愿寄望于上述这些措施的效果，而不是寄望于最辉煌的胜利取得的结果。你的臣民应享受德意志其他各邦的臣民未能享受的自由、平等和幸福，而这种自由的政府必须以某种方法在联邦制中和你的王国的政权中引起最可喜的变化。这种治国之道将是比易北河、设防城市或法国的保护更为坚强的、阻止普鲁士

进犯的壁垒。人民一旦享受到开明和自由的政府统治的益处,谁还愿意回到专制的普鲁士政府的统治之下去呢?德意志各邦人民,和法国、意大利、西班牙的人民一样,都要求平等与自由思想……现在我处理欧洲事务已有多年,我可以深信不疑,那些特权人物的高论与公众舆论正好相反。你应该当一个立宪君主……"

后来他还说:"尽管他们是散处各地,欧洲有三千多万法国人、一千五百万西班牙人、一千五百万意大利人、三千万德国人……我愿意使这些国家的人民各自组成单一的固定的国家……这种事态将会有最好的机会在各地出现法典的统一,原则、舆论、情感、观点、利益的一致……然后……人们也许可以期望把美国宪法或希腊联邦法应用于欧洲大家庭……到那时难道不会出现强大、康乐和繁荣的前景!……"关于法国,他宣称这项工作已经完成。关于西班牙,他说:"一千五百万西班牙人的联合已接近完成……由于我没有征服西班牙人,今后人们可以争辩说,他们是不可征服的。"关于意大利,他说:"我要用二十年时间来重建意大利国家……德国人的联合必须进行得慢些。我已经做的一切工作是简化德国人的万分复杂的制度……不管怎样,德国人的联合迟早会被形势的力量所促成。已经有了推动,在我垮台和我的制度消失以后,我不相信,欧洲除了通过各大民族的联合和联邦以外,还能有任何其他大的平衡办法。"

[24] 拉普拉斯常说:"由于皇帝的天才,整个欧洲不久将形成

一个由同样的宗教和同样的法典统一起来的大家庭。"

[25] 这是他自己关于历史以及编写历史的方法所说的话。在人们的意向中，存在着决定历史事件从而使我们对历史稍有费解的秘密动机；我想，关于这种动机，谁也没有比他从心理上阐述得更精辟的了。

"这种十分明显的、我们每一个人都急忙想加以说明的历史事实真相，往往不过是一句话：在事件正在发生的时刻，在互相冲突的激情爆发时，这是不可能办到的事；如果以后人们对事实真相有了一致的看法，那是因为事件的参加者和敌方已经不再同我们在一起。但是，就更大部分的时间来说，什么是历史的事实真相呢？这正如有人非常中肯地说过的那样，乃是一个大家一致同意叙述的故事。

"在所有这些问题中，有两个判然分明的重要部分：具体事实和精神意向。具体事实似乎应当是没有争论的余地的；然而，对事实的两种各别的叙述总是吻合的吗？其中有些事实常常引起无止无休的争论。至于精神意向，即使我们假定那些详细叙述事实的人在下笔时态度是真诚的，又有什么办法可以发现它们呢？如果人们受恶意、私利和偏激情绪的影响，又会发生什么情况呢？我颁发一道命令，但谁能了解我内心深处的思想并知道我真正的意图呢？然而每一个人都开始接受那道命令，根据他自己的标准加以衡量，使之适合于他自己的计划和个人的体系。要注意一个阴谋家在对命令怀恨之余给它加上各种色彩，或变换手法，将其牵强附会以利于他的阴谋的情况。同样地，还会有大臣们或君主可能已经暗中就此问题向其表示过一些意见的重要人物；而且同样地，官廷中还会有许多游手好闲之徒，他们既然充其量只善于躲在门外偷听消息，在听不到什么消息时就凭空捏造。其中每一个人对他自己所说的话又是如此肯定！那些在品级上等而下之的、专拾这些特权人物牙慧的人，又会完全把那番话信以为真。这样，回忆录、备忘录、嘉言录和客厅逸事便不胫而走，四处流传⋯⋯

"然而，尽管如此，这就是历史！我已经知道人们要同我、同我就我在历次战役中的想法进行辩论，对我发布命令的意图持不同意见，并对我宣判。这岂不是即使面对当事人也硬要否定他亲手做的事情吗？可是，对我持异议的人、我的反对者是不会没有党羽的。正是这一事实使我没有动笔写我个人的回忆录，暴露我那些本来可以很自然地从中看出我个性的细微之处的个人情感。我是不可能像让－雅克那样自降身份来写一部忏悔录的：那样的忏悔录多半会受到首先到我这里来的人的非难。而且，我只希望至多向你们这些在这里的人谈谈我公务方面的事迹。我知道得很清楚，连这些叙述也会有人反对；这是因为，不管一个人在世界上处于什么地位，不管他提出的是什么理由以及那些理由有多大说服力，反对派会不对他非难和驳斥吗？可是，在那些贤明和无私的人的眼里，在那些曾经思考过这个问题并加以推断的人的眼里，我的声音毕竟与任何别人的声音具有同等价值，并且我也不怕他们所做的最后判决。从今以后,将出现这么许多灯塔,以致当激情已经消失、乌云已经过去时,我能够相信耀眼的光芒将历久不熄。

"可是在这中间阶段,将发生多少误解呵!当所谈的问题也许是世界上最简单的问题时,人们会时常把我看作是狡猾的和阴险的。我会被人硬栽上我从来没有提出过的计划。我会被人问起是否抱有君临天下的意图。关于我的专制权力和专断行动究竟起源于我的性格还是起源于我的图谋,关于它们究竟产生于我自己的欲求还是迫于形势,关于我连年不断的战争究竟是由于我好战成性还是为了自卫而被逼出此,关于我一向深遭谴责的雄心大略究竟是受统治欲或渴求荣誉的欲念的支配还是出于希求普遍幸福的意愿或对此的热爱——因为我的雄心大略是应当从所有这些不同的角度来考察的——会有长期的争论。人们会对那使我在唐日昂公爵的悲剧中和其他许多事件中做出决定的动机争辩不休。人们常常会迷惑不解,穿凿附会,虽然那些事情是很自然的和完全正当的。

"我不应当在此时此地详细讨论所有这些问题,那会变成自我辩解——我是不屑这样做的。如果根据我对种种问题的一般说明,正直和贤明的历史家能够找到门径对我所提到的事情得出公正和正确的看法,那要好得多。可是,同这些微弱的火花形成鲜明的对照,有多少虚火妄光将袭击它们!——从那些大阴谋家编造的故事和谎言起,到我的大臣们透露的消息、'公事皮包'、亲自说出的话为止：前者都各有其目的、卑鄙的交易、具体的磋商，他们的故事和谎言与真事相混，就把问题搞得异常复杂，令人摸不着头脑；后者虽然相当诚实，却不得不少谈那些他们深信其为真实的事实。因为一般地说，他们有谁能了解我的全部思想呢？他们所了解的一鳞半爪，就较大部分的时间而言，只不过是他们所不知道的内容广泛的全盘思想的组成部分。因此，他们看到的不外乎是三棱镜的直接面对他们的那一面。而且，他们怎么会了解其中的真相呢？他们能够清楚地、充分地看到事实的真相吗？难道它本身不是被分裂开来了吗？然而，凡是想当然地判断事物的人，也许毫无例外地会准备提出其计划的异想天开的最后轮廓，当作我的真实体系。于是又产生了称为历史的这种经过一般人同意的故事，它只能是这样，固然其中牵涉了一些人，也许他们决不会赞同。最后，在他们断然的说法中，他们会表示他们自己比我聪明；因为我本来常常觉得很难如实地说出我全部的思想内容。大家都知道，我反对使形势适应我自己的想法，但我照例容许形势来引导我。可是谁能预先做好准备，以应付偶然出现的形势或意外事变呢？有多少次我不曾被迫做出重大的变更！而且，我在处理事情时所依据的，与其说是既定的计划，还不如说是一般的见解。大部分的共同利益以及我认为与大多数人的幸福有关的事——这些是把我的位置固定下来的锚，但是就较大部分的时间来说，我偶然也环绕着锚漂动。"

[26]　他是在说"拿破仑"等于是"沙漠中的雄狮"。

人名中外文对照表

阿波罗 Apollo
阿道尔夫 Adolphe
阿尔菲利 Alfieri
阿基比亚德 Alcibiades
阿里斯珀 Harispe
埃格泽尔芒 Exelmans
埃利松和欧仁妮 Elison et Eugénie
埃洛 Eylau
埃斯库鲁斯 Æschylus
埃席基耶尔 Ezekiel
爱默生 Emerson
安德洛马克 Andromaque
安德洛麦达 Andromeda
安格雷 Ingres
安泰 Antaeus
奥梅 Homais
奥日罗 Augereau
奥什 Hoche

奥西昂 Ossian
巴贝罗斯 Barberousse
巴比埃 Barbier
巴尔巴奈格尔 Barbanègre
巴尔扎克 Balzac
巴赫,塞巴斯蒂安 Bach, Sebastian
巴拉 Barras
巴拉尔夫人,德 Barral, Mme. de
巴里 Barye
巴斯噶 Pascal
柏克 Burke
拜伦 Byron
包法利夫人 Bavary, Mme.
贝多芬 Beethoven
贝尔纳多特 Bernadotte
贝朗热 Béranger

贝利奥兹 Berlioz
贝纳尔,克劳德 Bernard, Claude
贝特朗 Bertrand
贝托莱 Berthollet
贝西埃 Bessières
毕丰 Buffon
波利娜 Pauline
波拿巴,博纳旺屠勒 Bounaparte, Bonaventure
波皮埃 Paupers
波修斯 Perseus
伯里克利 Pericles
博阿尔纳 Beauharnais
博德莱尔 Baudelaire
布朗宁,伊丽莎白 Browning, Elizabeth
布朗宁夫妇 Brownings
布朗努 Brennus
布廉纳 Bourrienne
布鲁图 Brutus
布罗阿,莱昂 Bloy, Léon
布律纳 Brune

查理大帝 Charlemagne
查理大公 Charles, Archduke

达布朗特夫人 d'Abrantes, Mme.

达尔文 Darwin
达武,奥尔施塔特 Davout, Auerstadt
大卫 David
但丁 Dante
德克雷 Decrès
德拉克鲁瓦 Delacroix
德鲁奥 Drouot
德赛 Desaix
狄奥尼索斯 Dionysus
狄德罗 Diderot
狄更斯 Dickens
迪迪埃 Didier
迪罗克 Duroc
笛卡尔 Descartes
蒂尔台乌斯 Tyrteus
都伦纳 Turenne
多麦斯尼尔 Daumesnil
多米埃 Daumier

厄克尔曼 Eckermann

凡拉伦 Verhaeren
范·迪克 Van Dyck
菲埃韦 Fiévée
菲狄亚斯 Phidias
腓特烈大帝 Frederick, the Great

费德雷 Phèdre
费希特 Fichte
弗洛贝尔 Flaubert
伏尔泰 Voltaire
福克斯 Fox
富雷夫人 Fourés, Mme.
富歇 Fouché

高乃依 Corneille
戈比诺 Gobineau
戈雅 Goya
哥伦布 Columbus
歌德 Goethe
格腊西尼 Grassini
格林卡 Glinka
格罗 Gros
古尔戈 Gourgaud
果戈里 Gogol

汉尼拔 Hannibal
赫克利斯 Hercules
赫斯贝里特斯 Hesperides
亨利四世 Henri IV
华盛顿 Washington
惠特曼 Whitman

基内 Quinet

吉奥托 Giotto
吉博小姐 Guillebeau, Mlle.
济慈 Keats
加达拉马 Guadarrama
加尔巴西奥 Carpaccio
加尔瓦利 Calvary
加尔文 Calvin
加里波底 Caribaldi
加图达尔 Cadoudal
加扎尼夫人 Gazzani, Mme.
居维叶 Cuvier

卡巴尼 Cabanis
卡贝, 路易 Capet, Louis
卡尔波 Carpeaux
卡尔诺 Carnot
卡莱尔 Carlyle
卡罗琳娜 Caroline
凯撒 Caesar
康巴塞雷 Cambacérès
康布罗纳 Cambronne
康德 Kant
康斯坦, 邦雅曼 Constant, Benjamin
柯尔贝 Colbert
科尔里奇 Coleridge
科兰古 Caulaincourt

科利奥兰纳斯 Coriolanus
科隆比埃小姐，德 Colombier, Mlle. de
科罗 Corot
克拉里，德萨雷 Clary, Désirée
克莱贝尔 Kléber
克伦威尔 Cromwell
克洛塞尔 Clausel
孔德，奥古斯特 Comte, Auguste
库贝 Courbet

拉阿尔普 Laharpe
拉斐德 La Fayette
拉斐尔 Raphael
拉科斯特小姐 Lacoste, Mlle.
拉马丁 Lamartine
拉马盖 Lamarque
拉马克 Lamarck
拉纳 Lannes
拉普 Lapp
拉普拉斯 Laplace
拉萨尔 Lasalle
拉斯·卡兹 Las Cases
拉韦尔，埃莱奥诺 Ravel, Eléonore
拉辛 Racine
莱奥帕第 Leopardi

朗弗里 Lanfrey
勒古布 Lecourbe
勒南 Renan
勒努瓦 Renoir
雷耶 Reille
黎塞留 Richelieu
里沃利 Rivoli
利摩日 Limoges
利莫纳德 Limonads
卢梭，让－雅克 Rousseau, Jean-Jacques
鲁埃格 Rouergues
鲁本斯 Rubens
路德 Luther
路易－菲利普 Louis-Philippe
路易十一 Louis XI
伦布朗 Rembrandt
罗艾，哈德森 Lowe, Hudson
罗伯斯庇尔 Robespierre
罗德勒 Roederer
洛耀拉 Loyola
吕居鲁斯 Lucullus
吕克特 Rückert

马蒂夫人 Mathis, Mme.
马尔博 Marbot
马尔索 Marceau

马基雅弗利 Machiavelli
马克思，卡尔 Marx, Karl
马里翁 Marion
马蒙 Marmont
马萨奇奥 Masaccio
马塞纳 Masséna
马志尼 Mazzini
麦考利 Macaulay
麦克 Mack
麦克唐纳 Macdonald
芒佐尼 Manzoni
梅拉斯 Mélas
梅里美 Mérimée
梅特涅 Metternich
门德尔松 Mendelssohn
蒙布伦 Montbrun
蒙蒂诺特 Montenotte
蒙米雷伊 Montmirail
蒙莫朗西 Montmorency
蒙热 Monge
蒙台涅 Montaigne
孟德斯鸠 Montesquieu
米开朗琪罗 Michelangelo
米莱 Millet
米歇莱 Michelet
密尔顿 Milton
缪拉 Murat

缪赛 Musset
摩西 Moses
莫蒂埃 Mortier
莫勒 Moreau
木通 Mouton
穆勒，约翰·斯图亚特 Mill, John Stuart

奈伊，埃尔香让 Ney, Elchingen
南苏迪 Nanouty
尼采 Nietzsche
尼罗 Nero
诺文 Norvins

欧仁 Eugène

帕斯特 Pasteur
佩尔芒夫人，德 Permon, Mme. de
佩里巴尔 Péribord
普鲁塔克 Plutarch
普罗米修斯 Prometheus
普吕东 Proudhon
普森 Poussin
普希金 Pushkin

乔治 George

热拉尔 Gérard
热罗姆 Jerome
儒尔丹 Jourdan

萨尔贡 Sargon
萨姆松 Samson
塞留里埃 Serrurier
塞万提斯 Cervantes
桑,乔治 Sand, George
骚西 Circe
莎士比亚 Shakespeare
圣保罗 Saint Paul
圣彼得 Saint Peter
圣-伯夫 Sainte-Beuve
圣伯纳特 Saint Bernard
圣路易 Saint Louis
圣-罗克 Saint-Roch
圣-皮埃尔,贝尔纳丹·德 Saint-Pierre, Bernardin de
圣-谢尔,古维翁 Saint-Cyr, Gouvion
叔本华 Schopenhauer
舒伯特 Schubert
舒曼 Schumann
司各特,沃尔特 Scott, Walter
斯宾诺莎 Spinoza
斯宾塞 Spencer

斯丹塔尔 Stendhal
斯塔尔夫人,德 Staël, Mme. de
苏尔特 Soult
苏拉 Sulla
索西 Southey

塔尔丢夫 Tartufes
塔列兰 Talleyrand
塔西佗 Tacitus
泰纳 Taine
坦尼森 Tennyson
坦托勒托 Tintoretto
唐日昂公爵 d'Enghien, Duc
特鲁-旁博 Trou-Bonbon
梯也尔 Thiers
提契诺 Ticino
廷托雷托 Tintoretto
屠格涅夫 Turgeniev
托尔斯泰 Tolstoi
陀斯妥也夫斯基 Dostoievsky

瓦尔米,凯勒曼 Valmy, Kellermann
瓦格勒姆 Wagram
瓦格纳 Wagner
瓦列夫斯卡夫人 Welewska, Mme.

瓦路瓦 Valois
瓦托 Watteau
旺达尔，阿尔贝 Vandal, Albert
旺多姆 Vandamme
维尔吉尼 Virginie
维克多 Victor
维龙，法朗苏瓦 Villon, François
维尼 Vigny
维特 Weither
沃邦 Vauban
沃德夫人 Vaudey, Mme. de
沃兹沃思 Wordsworth
乌迪诺 Oudinot
乌尔姆 Ulm
乌兰德 Uhland

希德拉 Hydra
希塞尔 Chisel

夏丹 Chardin
夏尔科 Charcot
夏隆，皮埃尔 Charron, Pierre
夏托布里昂 Chateaubriand
肖邦 Chopin
辛锡内土斯 Cincinnatus
絮歇 Suchet

亚历山大 Alexander
耶利米 Jeremiah
以赛亚 Isaiah
易卜生 Ibsen
攸力栖兹 Ulysses
雨果 Hugo
约瑟芬 Josephine
约瑟夫 Joseph

仲马 Dumas

编者附记

本书为萧乾先生与他人合作翻译；但虽经我们多方了解，均未找到其他译者的资料。出于为读者提供此一宝贵材料的迫切心情，我们先将其出版，并署名为"萧乾等译"。我们切盼其他译者能与我们联系，也希望知情人提供有关信息；一俟确定其他译者情况，我们即在重印时补入署名，并奉寄稿酬。

北京大学出版社 编辑部